JN059950

本書の使い方

 読み解きのツボ　ワーク

教科書の「読み解きのツボ」「ワーク」に対応した図版などを読みとることで，思考力や表現力を高める設問です。【思考力・判断力・表現力】

トライ

教科書各節の学習内容を受けた問い「トライ」に対応した設問です。わかりやすいヒントも掲載されています。【思考力・判断力・表現力】

アクティブ1

教科書の「アクティブ」に対応したページです。「おさえておこう」で関連事項をふりかえり，自分の意見やその根拠をまとめたりして考察を深めてみましょう。【知識・技能】【思考力・判断力・表現力】

第1章　章末問題

章の最後に設定しています。これまで学んだ知識を活用してチャレンジしてみましょう。【知識・技能】【思考力・判断力・表現力】

歴史のひろば①

教科書 p.22～23

17世紀以前のアジアの繁栄とヨーロッパの海外進出

確認しよう

アジア諸帝国と海域世界の繁栄

◆14世紀に中国で，モンゴル人の王朝である元にかわって建国された[①]の対外政策

・倭寇対策として民間貿易を制限する海禁政策をとり，周辺諸国との貿易を[②]貿易に限定

・15世紀はじめ，[③]が艦隊をひきいて東南アジア～東アフリカへ遠征し朝貢をうながす

◆海禁政策をとる中国と東南アジアや日本をむすぶ貿易で，[④]王国やマラッカ王国が繁栄

◆16世紀の西アジア～インドでは下の地図中A～Cの3つのイスラーム帝国が繁栄

・オスマン帝国の都イスタンブルや，サファヴィー朝の都のイスファハーンは交易都市として繁栄

➡16世紀後半から17世紀
初頭のユーラシア

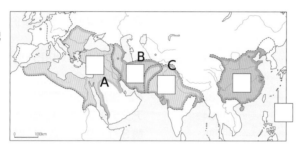

問　地図中の空欄に適する国名を次か
　　ら選び，番号で答えよう。

① サファヴィー朝

② ムガル帝国　　③ 琉球王国

④ オスマン帝国　⑤ 明

ヨーロッパの海外進出

◆15世紀末に，それまで中国やイスラーム商人が独占していたアジア内貿易に，
ヨーロッパの国々が参入

・ヴァスコ＝ダ＝ガマがインド航路を開拓すると，まず[⑤]
がアジア内貿易に参入，香辛料貿易で利益をあげる

・アメリカ大陸に進出したスペインは，インカやアステカなどの古代アメリ
カ文明を滅ぼし，(1)大量の銀をヨーロッパにもたらす
また，中国の絹や陶磁器を買い付けて利益をあげる

◆17世紀になると，スペインから独立したオランダが[⑥]会社
を設立し，全世界に貿易網をはりめぐらして繁栄

・[⑦]貿易に依存するオランダの覇権は長続きせず

◆18世紀には，フランスとの植民地戦争に勝利した[⑧]が，世
界貿易の覇権を握り，インドやアメリカ大陸を植民地化

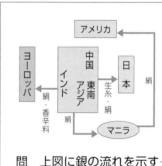

問　上図に銀の流れを示す→
　　を書き込もう。

問　銀の大産地はどこ？
　　[　　　　]

問　銀が集まるのはどこ？
　　[　　　　]

考えてまとめよう

問1　上の文中の波線部(1)について説明した次の文中の【 　 】内の語句のうち，適当なものを選ぼう。

ヨーロッパでは通貨として使用される銀の量が増えたため，通貨の価値が【 上昇・下降 】して，物価が【 上昇・
下降 】した。この現象を【 産業革命・価格革命 】とよぶ。

問2　16世紀以降の世界貿易の覇権をにぎった国の推移として，適当なものを次から選ぼう。

㋐　スペイン・ポルトガル　→　イタリア　→　イギリス

㋑　スペイン・ポルトガル　→　オランダ　→　フランス

㋒　スペイン・ポルトガル　→　オランダ　→　イギリス

歴史のひろば③

ヨーロッパの主権国家体制の成立

確認しよう

主権国家体制の誕生

◆中世ヨーロッパ世界の秩序　→ローマ［　⑨　　　　　］や神聖ローマ帝国皇帝の権威が高く，各国に支配を及ぼす，また
　　　　　　　　　　　　　　　　国内の諸侯も国王からなかば独立

・フランス，スペイン，イギリスなどで国家統合の動きが進行
　　→これらの国々では，教皇や皇帝より国家の存在が重視され，(2)内外の干渉を受けずに政治をおこなう権限（主権）が
　　　主張される　→このような国家を［　⑩　　　　　］という

➡16世紀中ごろの
　　ヨーロッパ

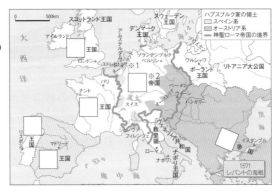

問　地図中の空欄に適する国名を次から選
　　び，番号で答えよう。
　①　ポルトガル　　②　イングランド
　③　神聖ローマ　　④　スペイン
　⑤　フランス　　　⑥　オスマン

※1　17世紀に北半が独立（オランダ）
※2　現在のドイツなど

絶対王政

◆近代ヨーロッパ世界への動き　→［　⑩　］形成過程で，［　⑪　　　　　　　］という強力な国家形態誕生
・国王の主権は［　⑫　　　　］から与えられた神聖で不可侵なもの
・国王の権威のもとで官僚制と常備軍の整備が進行
・国家が経済活動の主体　→国内の商工業保護・育成，貿易振興をめざす［　⑬　　　　　　　］政策実施
◆各国間の利害が対立して戦争がくりかえされる

ウェストファリア条約

◆三十年戦争（1618～48）　→宗教改革後のカトリックとプロテスタントの対立を背景に
・神聖ローマ皇帝（［　⑭　　　　　　　　　］家）・カトリック諸侯　対　プロテスタント諸侯
・ドイツ（神聖ローマ帝国）が戦場，周辺各国が介入した国際戦争，次第に宗教色薄れ覇権争いに
・ウェストファリア条約により終結　→各国代表の交渉，条約締結という近代的国際会議の形式誕生
　　→神聖ローマ帝国を実質的に解体，帝国内の諸侯の領土（領邦）に主権を認める　→主権国家確立に寄与

考えてまとめよう

問3　三十年戦争の惨禍をみて「戦争と平和の法」を著し，国際法の発展に寄与した
　　右の人物は？　　　　　　　　　　　　　　　　　〈　　　　　　　　　　〉

問4　上の波線部(2)について説明した次の文中の【　】内の語句のうち，適当なもの
　　を選ぼう。
　　当時，主権は【　国王・国民　】に属するとされていた。現在の日本では，主権
　　は【　天皇・国民　】に属するとされている。現在の日本のような考えを
　　【　国民主権・基本的人権　】とよぶ。

歴史のなかの動物・植物・鉱物，16世紀以降の建築や絵画をみる，国県名対照図，世界史のなかの宗教

1 歴史のなかの動物・植物・鉱物について下の問いに答えよう。

問1 自分の身のまわりの動物の歴史を調べてみよう。

手順のヒント
- ① 自分にとってどのようなかかわりあいがあるだろうか？
- ② どのような用途で用いられ，扱われているだろうか？
- ③ 人がかかわって品種改良などがおこなわれてきただろうか？

問2 右の動物は何？　どのような用途に用いられ，どのような結果となっただろうか？

問3 日本では，とくに江戸時代に農民が換金するためにつくる作物，つまり商品作物の栽培がさかんになり，「四木三草」ということばがうまれた。四木は，器に塗る漆，和紙の原料である楮，茶，生糸をつくりだすために必要な（ A ）であり，三草は，布となる麻，青色の染料である藍，赤色の染料にする（ B ）である。A・Bにあてはまる商品作物を漢字で答えよう。　　　　　　　　　　　　　　　　　A（　　　）B（　　　　）

問4 鉱物において，金は歴史のなかでどのように扱われたか，その理由も考えて答えよう。

2 16世紀以降の絵画について，次の図版A〜Dをみて下の問いに答えよう。

A

B

C

D

問1 Dとゴッホの絵とはどちらが先に描かれただろうか。その結果から，どのようなことがいえるだろうか。

問2 この4枚の絵を古いものから時代順に並べると，㋐〜㋓のどれが正しいかな？
　　　㋐　B→C→D→A　　　㋑　C→B→D→A　　　㋒　B→D→A→C　　　㋓　C→B→A→D　　　（　　　）

3 次の表の空欄部にあてはまる漢字をいれて，表を完成しよう。

東北地方

国名	蝦夷地	陸奥	陸中	陸前	磐城	岩代	羽後	羽前
都道府県	北海道	青森	岩手	岩手	宮城	福島	秋田	山形

関東地方

国名	安房	上総	下総	常陸	下野	上野			
都道府県				茨城	栃木	群馬	埼玉	東京	神奈川

中部地方

国名	伊豆	駿河	遠江	三河	尾張	美濃	飛騨	甲斐		佐渡	越中	能登		越前	若狭
都道府県			静岡		愛知		岐阜		長野	新潟	富山		石川		福井

近畿地方

国名	近江	丹後	山城	丹波	但馬	播磨	摂津	和泉	河内			伊勢	伊賀	志摩
都道府県	滋賀				兵庫					奈良	和歌山			三重

四国地方

国名	阿波		伊予	讃岐
都道府県	徳島	高知	愛媛	香川

中国地方

国名	備前	美作	備中	備後	安芸	周防	石見	出雲	隠岐	伯耆	因幡
都道府県					広島	山口					

九州地方

国名	筑後	豊前	豊後	日向	大隅	薩摩			壱岐	対馬	琉球
都道府県	福岡					鹿児島	熊本	佐賀			沖縄

4 宗教について，次の図版A～Cをみて下の問いに答えよう。

A

B

C

問1 図版A～Cがそれぞれ示す宗教の名と，開祖・創始者の名を答え，そしてそれに深く関係する内容を下の㋐～㋒から選び，解答欄を完成しよう。

㋐ 肉体を苦しめるだけの誤った修行をするのではなく，正しい修行によって苦の原因である欲望を克服できるとした。

㋑ 唯一神への絶対的服従が説かれ，信者は六つの実在を信じ，五つのおこなうべき義務がある。

㋒ 神の愛がすべての人に平等であることや，神の国の到来が近いことが説かれた。

図版	宗教名	開祖・創始者	関係する内容
A			
B			
C			

問2 図版Aの宗教の経典の名を答えよう。　　　　　　　　　　　（　　　　　　　　　　）

問3 図版Cの宗教の経典名を2つ漢字で答えよう。　　　　　　（　　　　　　　）（　　　　　　　）

問4 図版Aで左の人物の顔が白くおおわれているのは，（　X　）崇拝の対象にしないためである。（　X　）にあてはまる2字の漢字を答えよう。　　　　　　　　　　　　　　　　　　　　　　　　（　　　　　　　　　）

問5 日本の民族宗教といわれる代表的な宗教を漢字2字で答えよう。　　　　　（　　　　　　　　　）

問6 中国の民族的宗教で，東アジア世界に大きな影響を与えた2つの代表的な宗教を，それぞれ漢字2字で答えよう。

（　　　　　　　）（　　　　　　　）

1 江戸時代の日本と東アジア秩序の変動

確認しよう

幕藩体制 …[幕府と藩が全国の領地と人民を支配する体制]

◆江戸幕府による支配

・幕府は[　①　　　　　]を制定し，[　②　　　　　]を義務付けるなど厳しく統制した

・幕府は天皇や公家の行動を制限して統制した

・幕藩体制下での身分…支配身分は武士

被支配身分は百姓，町人(商人と職人)

被差別身分はえた・非人

明清交替と東アジア

◆東アジア秩序の変動

・[日本]1607年江戸幕府は[　③　　　　]を介して朝鮮との国交を回復し[　④　　　]をむかえた

・[朝鮮]清から臣従をせまられる

→朝鮮南部の警戒と軍備を削減するために日本との国交回復を決断

・[清]17世紀前半：明から清への王朝交替(清は中国東北部の女真族による王朝)

→[　⑤　　　　]をしき，東アジアの国際関係をつくる

[　⑤　　　　]には，[　⑥　　　　]，朝鮮，琉球などが組みこまれた

1683年[　⑦　　]を降伏させ[　⑧　　　　]を緩和

→清の管理下で海外貿易を認可

四つの口と対外交易

◆幕府の外交政策…キリスト教を禁止し，貿易と海外情報を独占的に管理

19世紀以降鎖国とよばれる

・四つの口＝対外関係の場…[　⑨　　　][対オランダ・清]　[　⑩　　　][対朝鮮]

[　⑪　　　][対琉球]　[　⑫　　　][対アイヌ]

→オランダ商館・朝鮮・琉球に対しては，江戸への使節派遣を求める

・海外情報については，中国船が提出する[　⑬　　　]やオランダ商館長による[　⑭　　]によって情報把握につとめる

用語を確認しよう

①江戸幕府が定めた大名が領地と江戸を定期的に往復することを何というか？　[　　　　]

②16世紀末の朝鮮侵略により朝鮮との国交は途絶えたが，これをおこなった人物は誰？

〈　　　　〉

③キリスト教を禁止し，貿易と海外情報を独占的に管理する体制は19世紀以降何とよばれたか？

[　　　　]

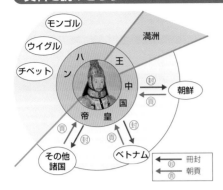

（1）朝鮮，ベトナム，その他諸国は中国皇帝に（A　　　　）し，中国皇帝は称号や文物を与えた。この関係を（B　　　　）体制という。また，皇帝は，満洲人には満洲を統治する（C　　　　）として，モンゴル・ウイグル・チベットには（D　　　　）として君臨した。

（2）上の絵についてすずさんとひろきくんが会話をしている。適切な方を選び，会話を完成させよう。

ひろきさん　　　あ，この絵は参勤交代の絵だね。大名行列が描かれているよ。

す　ずさん　　　ずいぶん仰々(ぎょうぎょう)しい感じがするけれど，なんで大名は行列を飾り立てているのかしら？

ひろきさん　　　江戸時代という[　武力　・　平和　]の時代に軍事力を示す意味をもっていたんだって

す　ずさん　　　きっと大名たちは民衆に[　威厳　・　幕府に従う姿　]をみせようとしたんだね

 トライ　江戸時代の幕府や民衆は，朝鮮をどのような国とみていたのだろうか

（1）下の地図は，あえて「逆さま」になっている。これは，日本からではなく[　a　　　　　　]
からみた日本を意識しているためである。

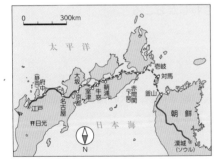

➡朝鮮通信使の面影が残る三春張子

↑土浦(茨城県)の祭礼の出し物

（2）なぜ，朝鮮通信使が日本の祭礼のモチーフになり，お祭りで日本人が朝鮮通信使の格好をしているのか，上の図A・Bをみて予想してみよう。

MEMO

2 江戸時代の生産・流通と諸改革

確認しよう

田沼意次の政治と蝦夷地開発

◆田沼意次による財政再建

・商人の経済力を積極的に利用する

(例)都市の商工業者に[　①　　　　　　]の結成をすすめ，営業の独占を認める代わりに営業税を徴収

・耕地面積の拡大による生産力向上　(例)新田開発，手賀沼・[　②　　　　　　]の干拓の試み

◆蝦夷地開発

(契機)仙台藩の工藤平助が『赤蝦夷風説考』で蝦夷地開発やロシアとの交易を提言

商品経済の発達

◆貿易奨励…[　③　　　　　　]の奨励　(輸出品)蝦夷地からの昆布や[　④　　　　　]，銅など

◆諸藩における生産物

・(特産物)木綿，藍，[　⑤　　　　　]など　　・([　⑥　　　　　])干鰯，鰊粕，油粕など

・(農民の副業)養蚕，タバコ，薪の生産

◆18世紀…[　⑦　　　　　　　　]

19世紀前半…マニュファクチュア(工場制手工業)がはじまる(尾張や大坂の綿織物，桐生や足利の絹織物など)

寛政の改革

◆社会不安の増大

・[　⑧　　　　　]の大噴火や天候不順によって，[　⑨　　　　　　]がおこる

・全国各地で[　⑩　　　　　]がおき，都市では打ちこわしがおこる

◆老中〈　⑪　　　　　〉による寛政の改革

・祖父〈　⑫　　　　　〉の政治改革を理想とする

・きびしい倹約令を出して財政の立て直しをめざす

・社会保障の整備…困窮する旗本や御家人の救済，浮浪人の職業訓練，米の備蓄，資金積立

・[　⑬　　　　　　　]…朱子学以外の学問を教えることを禁止する

・出版統制令を出して，政治批判や風俗を取り締まる

用語を確認しよう

①18世紀の後半，商人の経済力を軸に財政再建をおこなった老中とはだれか？

〈　　　　　　　〉

②1782〜87年にかけて発生した飢饉とは何か？　　　　　　　　[　　　　　　]

③18世紀末におこなわれた松平定信による改革を何とよぶか？　[　　　　　　]

（1）左の資料は，尾張の綿織物の作業風景で，協業と分業で作業をおこなっていることがみてとれる。だれがどんな作業をしているか表のア～オから適切なものを選び答えよう。

> ア，完成した綿織物　イ，糸を運ぶ
> ウ，糸繰り　エ，高機で織る
> オ，製織の準備

＊高機：高い位置に腰掛けて布を織る道具

①（　　　）②（　　　）③（　　　）④（　　　）⑤（　　　）

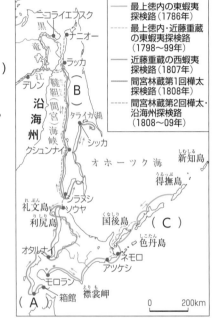

凡例
─── 最上徳内の東蝦夷探検路（1786年）
----- 最上徳内・近藤重蔵の東蝦夷探検路（1798～99年）
─── 近藤重蔵の西蝦夷探検路（1807年）
─── 間宮林蔵第1回樺太探検路（1808年）
─── 間宮林蔵第2回樺太・沿海州探検路（1808～09年）

（2）工藤平助からの提言を受けて，田沼意次は最上徳内を蝦夷地に派遣した。
①最上徳内はどのようなルートで北方探検をおこなったか，足取りをたどってみよう（赤でなぞろう）。
②地図中の（　　）に適語をいれてみよう。

　　　A（　　　）　　B（　　　）　　C（　　　）

> **！トライ**　あなたは田沼意次と松平定信の改革のどちらを支持するか。

（1）田沼意次の政策と松平定信の政策を選択肢から選び，表のなかに記号を書こう。

田沼意次の政治	
松平定信の政治	

（選択肢）
ア　浮浪人への職業訓練
イ　厳しい倹約令
ウ　手賀沼や印旛沼の開拓の試み
エ　朱子学以外の学問を教えることを禁止する
オ　出版統制令
カ　株仲間の結成奨励
キ　蝦夷地開発のための調査
ク　飢饉や災害に備えた備蓄や資金の積立

MEMO

（2）あなたは田沼と松平の政治のどちらを支持するか。その理由を書いてみよう。

私は＿＿＿＿＿＿＿＿＿＿＿＿＿＿＿を支持します。その理由は，

＿＿＿＿＿＿＿＿＿＿＿＿＿＿＿＿＿＿＿＿＿＿＿＿＿＿＿＿です。

3 幕政の改革と東アジア世界

確認しよう

異国船の接近と幕府の対応

◆ロシア，イギリス，アメリカ船の接近と幕府の対応

・1792年に〈　①　　　　　　　　〉が根室に来航し，通商を求める　→幕府は拒否

・1804年に〈　②　　　　　　　〉が長崎に来航し，通商を求める　→幕府は拒否

・ロシアに加え，イギリスやアメリカ船も接近する

　→海防の必要性が高まり，1825年に[　③　　　　　　　]を出す

国内の危機と幕政の改革

◆国内の危機…財政悪化，天保の飢饉，一揆の頻発，大坂で[　④　　　　　　　　]がおこる

◆老中水野忠邦の改革…[　⑤　　　　　　]の実施

・娯楽の抑制…[　⑥　　　　]の劇場を江戸の中心から遠ざける

・[　③　]の撤回，幕領を増やすため[　⑦　　　　]を出す

◆諸藩の改革

・借金返済の引き伸ばし，[　⑧　　　　]との密貿易，特産品の専売をおこなう

　…[　⑨　　　　]

・下関を通る荷物を利用した金融活動をおこなう…[　⑩　　　　]

清と朝鮮の対外関係

◆清

・ロシアとは17世紀後半に国境を定めて貿易をおこなった

　＊その他の交易については，18世紀なかばに[　⑪　　　]1港に限定しておこなうこととした

・イギリスは中国に対して国家間の対等な貿易を求めたが，清は従来の冊封体制の維持を望んだ

◆朝鮮

・日本には日本の将軍の代替わりに通信使を派遣する　＊1811年が最後となる

・1863年に〈　⑫　　　〉が王位につくと，父の〈　⑬　　　　〉が政治をおこない，欧米の艦隊を退けた

用語を確認しよう

①異国船の接近に対して1825年に幕府が出した法令とは？　[　　　　　]

②天保の改革をおこなった老中とはだれか？　〈　　　　〉

③ヨーロッパにおける中国趣味のことを何というか？　[　　　　　]

A→イギリス人が描いた乾隆帝に謁見するイギリスの使節マカートニー

B→清に仕えたイタリア人宣教師が描いた乾隆帝

（1）2つの絵に描かれた乾隆帝の絵を比べ，イギリスは中国をどのようにみていたか適切な語句を選んでみよう。

Bの絵では乾隆帝が［ a 立派 b ごうまん ］に描かれている。一方，Aの絵では，マカートニーが膝をついて乾隆帝に敬意を払っているが，乾隆帝は［ a 立派 b ごうまん ］に描かれている。イギリスのマカートニーは［ a 立派 b ごうまん ］に描かれていることから，イギリスは中国のことを内心［ a 本当に尊敬している b 野蛮な国 ］と思っていると考えられる。

（2）以下の資料に関する説明を完成させよう。

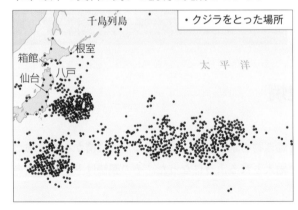

左の資料は［ A 　　　　　　 ］をとるために捕鯨船が訪れた場所である。

　［ A ］の油は，［ B 　　　　　　　 ］の燃料となり，日本では水田の害獣駆除に使用された。その他，肝臓は薬品になり，肉は食用としても重宝された。

!トライ 東アジア諸国による欧米諸国への政策に，欧米諸国はどう対応していくのだろうか。

（対日本・朝鮮）：［ a 　　　　　 ］を用いながら，通商を要求していく
（対中国）：さらに欧米諸国が貿易で［ b 　　　　　 ］を出せるようなシステムをつくっていく

MEMO

アクティブ1 鎖国は日本だけのもの？

教科書　p.32～33

おさえておこう

- 14世紀，明は倭寇対策として民間貿易を制限する（　①　　　）政策をとった。・・・・・・・・・・・・・・・・教科書p.22
- 17世紀に明にかわって中国を支配した（　②　　　）は，1683年に台湾の反対勢力を降伏させると，（　①　）政策を緩和した→厳格な管理のもとで，商人の海外貿易も認められるようになった。・・・・・・・・・教科書p.24～25
- 18世紀なかば，清は貿易を（　③　　　）1港に限定した。・・・・・・・・・・・・・・・・・・・・・・・・・・・・・・・教科書p.31

ヨーロッパの宮殿に並ぶ焼き物

（1）空欄にあてはまる語句を答えよう。

17世紀なかごろから18世紀のヨーロッパでは（　①　　　　）（中国趣味）の流行とともに上流階級の間では焼き物の収集がブームとなった。

資料1

ステップ1　これらの焼き物はどの国を経由して輸入されたのだろうか。次の【　】にあてはまる語句として適切なものを選ぼう。

【　アメリカ・オランダ・中国　】から輸入された。

ヒント　日本の伊万里焼をヨーロッパに運んだのはどこの国だろう。

ヨーロッパにあらわれた日本の伊万里焼

（1）空欄にあてはまる語句を答えよう。

ヨーロッパの上流階級は中国の（　①　　　　）でつくられた焼き物を求めたが，17世紀なかばに清から焼き物が輸入できなくなったため，かわりに日本の（　②　　　　）が輸入されるようになった。その製法はドイツを代表する（　③　　　　）の磁器にも影響を与えた。

ステップ1　鎖国中の日本から，どのようにして伊万里焼はヨーロッパに運ばれたのだろうか。次の選択肢から適切なものを選ぼう。

A：日本から直接運ばれた。　B：オランダ東インド会社を通じて運ばれた。

ヒント　江戸時代の日本と長崎で貿易をしていたヨーロッパの国はどこだろう。

ステップ2　なぜ清から焼き物が輸入できなくなったのだろうか。考えてみよう。

ヒント　17世紀なかばの中国の状況を「海禁」という語句を使って考えてみよう。

③ 清はなぜ海禁をおこなったのだろうか

（1）空欄にあてはまる語句を答えよう。

　清が海禁をとった背景には，当時の（　①　　　　）で，明の復活をかかげる（　②　　　　）の一族が，清に反抗運動を展開していたことがあった。

（2）資料2に関する次の文章の【　】にあてはまる語句を選ぼう。

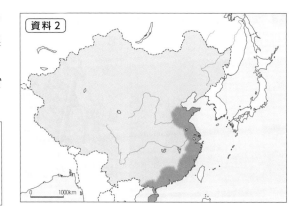

資料2

1．台湾は【　陸上貿易・海上貿易　】で栄えていた。
2．赤色になっているのは【　沿岸・内陸　】30里（約15km）の地域で，この地域に遷界令が出された。

ステップ❶　抵抗する勢力を苦しめるために清は，地図中の赤色の地域の住民が台湾と貿易をしないよう，どのような政策をとったのだろうか。考えてみよう。

ヒント　赤色の地域の住民が台湾と交流しないようにするためにはどうしたらいいだろう。

④ 清の海禁と日本の鎖国

（1）空欄にあてはまる語句を答えよう。

　海禁は，清が（　①　　　　）を併合したことをきっかけにいったん解除されたが，18世紀なかばに清は貿易港を（　②　　　　）1港に限定し，貿易を特定の商人たちに独占させる，事実上の海禁を復活させた。

（2）清の広州と日本の長崎を比較する次の表の空欄を埋めよう。

広州	長崎
●（　①　　　　　　　）の商人は外国人居留区域に居住 ●清から特許をえていた（　②　　　　）とよばれる組合に属する商人とのみ貿易をおこなうことができた。	●（　③　　　　　　　）と清のみが長崎で貿易することがゆるされていた。 ●（③）人は（　④　　　　）に，中国人は唐人屋敷に居住

ステップ❶　このとき清がとった海禁と，日本がとった鎖国の共通点をあげてみよう。

ヒント　教科書p.24，25の記述も参考にしてみよう。

⚠️トライ　こうした海禁は，明・清時代の中国や江戸時代の日本以外に朝鮮でもみられた。なぜ，このころの東アジア諸国では海禁がとられたのだろうか。

ヒント　「外国との関係」という語句を使って説明してみよう。

1 次の図版をみて，下の問いに答えよう。

A

B

C

D

問1　ヨーロッパの海外進出のなかでスペインがアメリカ大陸に進出した
　　ことは，世界の一体化を加速させた。これと最も関わりの深い図版
　　をA〜Dから1つ選ぼう。　　[　　　]

　　　図1 の（　X　）にあてはまる貴金属を書こう。
　　　　　　　　　　　　　　　　　　　　　　[　　　]

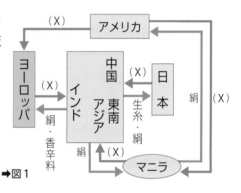

➡図1

2 次の問いに答えよう。

問1　以下の文を読み（　A　）〜（　D　）にあてはまる語句を語群から選び，記号で答えよう。

【語群】①　薩摩　　　②　長州　　　③　冊封体制
　　　　④　慶賀使　　⑤　謝恩使　　⑥　鎖国

　　左の資料は，1710年に（A　　　）藩士に随行
　された琉球王国の使節一行である。琉球王国は，
　中国や朝鮮，日本から東南アジアにひろがるa
　中継貿易を展開していた。中国とは（B　　　）
　の下で交易や文化交流をおこなった。薩摩藩や
　江戸幕府に対しては従属関係におかれ，将軍の
　代替わりごとに（C　　　）を，琉球国王の代替
　わりごとに（D　　　）を江戸に派遣していた。

問2　下線部aに関連して，近世の「地域」と「交易」に関する文を読み，（　E　）〜（　J　）にあてはまる語句を
　　語群から選び，記号で書こう。＊（　H　）を除く

琉球王国から中国への朝貢品には，蝦夷地産の（E　　　）や俵物がみられる。これらの物産は，蝦夷地から（F　　　）で大坂に運ばれた。その後，薩摩藩を通じて琉球王国，（G　　　）で取り引きされ，中国へももたらされた。

蝦夷地については，この地で狩猟や漁労，採取の生活を送っていたアイヌが，17世紀後半になると（　H　）の支配と収奪を受けたために，アイヌの大首長（ I　　　）ひきいる蜂起がおこったが，敗北した。商場知行制だった所領支配は（J　　　）へと変わり，より過酷な支配がおこなわれた。

【語群】① シャクシャイン　② 長崎　③ 昆布　④ 場所請負制　⑤ 北前船

問3　（　H　）にあてはまる語句と場所の組み合わせとして正しいものを1つ選ぼう。

ア：（H）松前（地図）X　　イ：（H）松前（地図）Y
ウ：（H）対馬（地図）X　　エ：（H）対馬（地図）Y

（　　　　）

問4　以下の出来事を時代の古い順に並べ替えてみよう。
　　ア　田沼意次が商人を重用して財政再建をおこなった。
　　イ　ロシア使節レザノフが長崎で通商を求めた。
　　ウ　アヘン戦争で清が敗北した。
　　エ　鄭成功ら反清勢力を降伏させると海禁政策が緩和された。

　　　[　　　→　　　→　　　→　　　]

③ 次の文章を読み，問いに答えよう。

ヨーロッパはゆたかなアジアと直接交易をしようとし，このことが地球規模の一体化に大きくむすびついていった。アジアは17世紀・18世紀に政治的・文化的な成熟をみたが，その間に軍事力をつけたヨーロッパ諸国が次第に覇権を争うようになった。東アジアでは，日本，中国，朝鮮の3国がそれぞれの歩みをすすめていた。日本では，（ア　　　）によって江戸幕府が開かれ，「鎖国」とよばれる外交方針をとりながら，安定した治世が実現した。しかし，時代が下ると（イ　　　）経済が浸透し，（ウ　　　）中心の政治はゆきづまりをみせていく。中国や朝鮮も日本と同様に国が貿易を統制する a 海禁という方針をとっていたが，19世紀にはヨーロッパを中心とした世界の一体化に巻き込まれていく。

問1　（　ア　）～（　ウ　）にあてはまる適語を語群から選ぼう。
【語群】① 徳川家康　② 豊臣秀吉　③ 米　④ 貨幣　⑤ 倭寇　⑥ 自給自足

問2　下線部 a に関して，中国が海禁をとった背景について述べてみよう。
　　　[　　　　　　　　　　　　　　　　　　　　　]

問3　18世紀末の日本で幕政改革をおこなった人物について述べた文である。この人物はだれか。

私は財政改革をすすめるため特定の御用商人に座をつくらせ，営業税を徴収し，収入増加をはかったが，一方で賄賂も横行する事態を招いた。[　　　　　　　]

4

イギリス産業革命とアメリカ独立戦争

MEMO

気付いたこと，わからな
かったこと，調べてみたい
ことを自由に書いてみよう。

確認しよう

イギリス産業革命

◆18世紀後半，イギリスで[①]がおこった。…機械の導入，農業 →工業

イギリスで最初におこった要因──

[・原料や市場を提供する海外植民地をもっていた
・議会を中心とした国家機構が整備 →海外市場獲得の戦争をおこなう財政的基盤確立
・農業技術の改良などにより，多くの人口をささえることが可能 →広大な国内市場が形成

◆最初の技術革新は[②]工業の分野…ワットらの[③]機関の発明・改良

・[③]機関…工場の動力，[③]船や[③]機関車の動力としても使用

→産業の立地を農村部の河川流域から都市へ，あるいは[④]の産地へと移動

・イギリスは[④]に恵まれている →エネルギー源として用いる…エネルギー革命

◆工場に機械が導入される

・産業資本家と[⑤]階級からなる[⑥]社会が本格的に形成

・都市への人口集中 →新興の工業都市が急激な発展，都市で公害やスラムの形成…都市問題
の発生，安い[⑤]として児童や[⑦]などを酷使

アメリカ独立戦争

◆イギリス……17世紀から北米東海岸に植民地建設

[・北部：自営農による農業や商工業が発展
・南部：奴隷を使ってタバコや米を生産するプランテーション（大農園）が形成

◆イギリス…フランスとの植民地戦争に勝利 →財政難解消をめざして植民地の支配強化

・1765年[⑧]制定 →「代表なくして課税なし」と唱えて撤回せまる

・1773年茶法で東インド会社が茶の独占販売権をえる →[⑨]事件

→植民地側は大陸会議をひらき本国に抗議 →武力衝突からアメリカ独立戦争がはじまる

→〈 ⑩ 〉ひきいる独立軍苦戦，トマス＝ペイン著『コモン＝センス』が独立気
運を高揚

→1776年[⑪]を発表（人間の平等をうたい，それを侵害する政府に対する抵抗
権を主張）

→その後，イギリスを牽制したいフランスやスペインの協力で植民地側はしだいに**優勢**

→1783年[⑫]条約でイギリスはアメリカ合衆国の独立を承認

◆1787年に[⑬]を制定[・自由で平等な市民が主権をもつこと
・立法・行政・司法の三権分立が定められる

独立当初は13州からなる連合体 →憲法制定を経て[⑭]政府の強化をはかる…
[⑭]主義

用語を確認しよう

①資本主義を構成するおもな2つの階級は労働者階級ともう1つは？ [ ]

②1769年に蒸気機関を改良したのはだれ？ 〈 〉

③『コモン＝センス』を著したのはだれ？　　　　　　　　　　　　　　　　　〈　　　　　　〉

（1）次の図版と地図について，下の問いに答えよう。

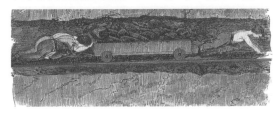
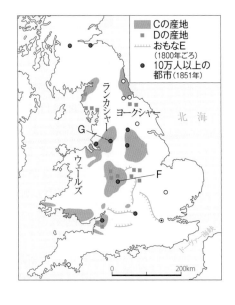

問1　図版について説明した文の空欄にあてはまる語を考えよう。この図
　　版では，子どもが（　A　）ではたらいている。それは，雇用者にとって
　　賃金が（　B　）からである。
　　A［　　　　　　　］　　B［　　　　　　　　］
問2　地図中のC〜Gにあたるものを語群から選ぼう。
　　C［　　　　］の産地　　　D［　　　　］の産地　　　E［　　　　　　　］
　　都市F［　　　　　　　　］　　都市G［　　　　　　　　　］
　〈語群〉　運河　　鉄道　　綿花　　鉄　　石炭　　銅　　マンチェスター
　ロンドン　　バーミンガム

（2）右の図版の空欄部分×にはどのような図がはいるだろうか。
　　下から選ぼう。
　　⑦兵隊が民衆に手を振って凱旋している様子。
　　①船員が積み荷を投げ降ろしている様子。
　　⑦先住民が積み荷を人々に投げ渡す様子。
　　①先住民に扮した人々が積み荷を投棄している様子。
　　　　　　　　　　　　　　　　　　　　　　［　　　］

あなたはアメリカが独立に向かう決定的な転機はどこにあったと考えますか？　　　読み解きのツボ

下の①②の解答例の空欄A・Bにあてはまる語句を答えよう。
　①茶法制定によりおこった［　A　］で，イギリスへの抵抗を示したことが独立に向かう転機になった。
　②［　B　］で「圧政に対して抵抗する権利がある」と独立戦争が正当化され，独立に向かう転機になった。
　A［　　　　　　　　　］　　　　　B［　　　　　　　　］

トライ　　イギリス産業革命やアメリカ独立戦争は現代社会にどのような影響をもたらしたのだろうか。

下の解答例の空欄A〜Dにあてはまる語句を答えよう。
　イギリス産業革命は，現代の［　A　］社会につながる社会のしくみや，［　B　］問題や労働問
題など，現在につながる多くの問題を生み出した。アメリカ独立戦争中に発表された［　C　］に
は，人間の［　D　］などのちの民主主義の基本となる主張がある。
A　　　　　　　B　　　　　　　C　　　　　　　D

MEMO

5 フランス革命とウィーン体制

MEMO

確認しよう

フランス革命

◆1789年フランス国王〈 ① 〉が財政難克服に特権身分へ課税するため三部会開催
→旧体制批判の第三身分は憲法制定をめざして［ ② ］を発足
→７月14日パリの民衆がバスティーユ牢獄を襲撃…フランス革命勃発
→国民議会は『［ ③ ］』を発表してすべての人間の自由と平等を宣言
◆1791年の憲法制定で［ ④ ］が発足 →翌年，革命拡大をおそれる隣国と戦争勃発
→混乱のなかで成立した［ ⑤ ］で共和政（第一共和政）が宣言され，1793年に〈 ① 〉が処刑
→山岳（ジャコバン）派が議会を解散 →［ ⑥ ］とよばれる独裁体制をきずく
→翌1794年テルミドールの９日のクーデタで指導者〈 ⑦ 〉らが逮捕・処刑
→1795年に新たに総裁政府の発足→政局は不安定で混乱はおさまらなかった

ナポレオンの大陸支配

◆1799年〈 ⑧ 〉が［ ⑨ ］のクーデタで権力奪取
→周辺諸国との戦争を終結し安定させる →1804年に〈 ⑧ 〉が皇帝（第一帝政）
◆皇帝は，ヨーロッパ大陸諸国に勝利し，［ ⑩ ］を発してイギリスに対抗
→1812年皇帝がロシア遠征に失敗 →不満を高める諸国民が反抗 →皇帝の敗退と退位

ウィーン体制

◆1814～15年オーストリアの〈 ⑪ 〉が主催するウィーン会議の開催
目的　ナポレオン戦争の後始末と新たなヨーロッパの秩序をつくる
→ウィーン体制とよばれる国際秩序の成立…神聖同盟と四国同盟（のち五国同盟）がささえる
◆ウィーン体制…フランス革命前にもどす［ ⑫ ］にたつ…大国の勢力均衡が優先
→自由主義や［ ⑬ ］（国民主義，民族主義）などの考え方にたつ人々がはげしく反発 →各地で自由・独立・統一を求める運動があいつぐ →鎮圧
◆海外…
・ラテンアメリカ諸国が，スペインやポルトガルから独立
・地中海の東部のギリシアが，オスマン帝国に対する独立戦争を経て独立
→ウィーン体制が大きく動揺
◆フランス…1830年［ ⑭ ］勃発→オランダから［ ⑮ ］独立
→1848年パリ民衆がふたたび蜂起して［ ⑯ ］が勃発 →第二共和政が誕生
→ヨーロッパにひろがり，諸国民が各地で運動 →ウィーンでは〈 ⑪ 〉が亡命…ウィーン体制の崩壊

用語を確認しよう

①1812年にナポレオンが失敗したのはどこへの遠征？ ［ ］
②テルミドールのクーデタのあとに発足した政府は？ ［ ］
③ウィーン会議を主催したのはだれ？ 〈 〉
④ウィーン体制をささえた２つの同盟は？ ［ ］

⑤ベルギーがオランダから独立したのは何という革命のあと？　　　　　　　　　　　[　　　　　]

資料を読みとろう

（1）次の図版と史料について，下の問いに答えよう。

問1　左の図版でA～Cにあてはまる階級を⑦～⑪からそれぞれ選ぼう。

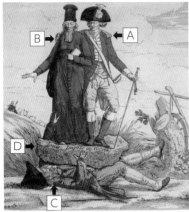

第一条　人間は E で権利において F なものとして生まれ，かつ生きつづける。社会的区別は共同の利益にもとづいてのみ設けることができる。

第三条　すべての主権の根源（こんげん）は，本質的に国民のうちに存する。

第十七条　 G は，神聖（しんせい）かつ不可侵（ふかしん）の権利である。

（田中正人訳『資料フランス革命』）

⑦第1身分　　⑦第2身分　　⑦第3身分

[　A　　　　　B　　　　　C　]

問2　Dが示すものは何か答えよう。　　　　　　　　　　　[　　　　　]

問3　上の史料の名称を答えよう。　　　　　　　[　　　　　]

問4　上の史料の空欄にあてあまる語を E ・ F は漢字2字， G は漢字3字で答えよう。　　　[　E　　　　F　　　　G　]

問5　図版と史料からフランス革命のめざしたものについて述べた文の空欄にあてはまる語を答えよう。

　　　　　でみられた身分制を廃止し，自由で平等な社会と国民主権の国家をつくることをめざした。

[　　　　　　　　　　　]

（2）右の図版について述べた下の文の空欄①～③にあてはまる語・数字をいれよう。

　右の絵のタイトルは，『[　①　]，[　②　]年5月3日』であり，スペインに攻め入った[　③　]軍に対するスペインの首都[　①　]市民の抵抗を描いている。中央の人物の両手には拡大図で示した穴があいている。これは，この人物を十字架にかけられた殉教者に模しているからである。

[　①　　　　　②　　　　　③　　　　　]

！トライ　あなたはウィーン体制を崩壊させた要因のうち，自由主義とナショナリズムのどちらが重要だと考えるか，また，その理由は何だろう。

ヒント　自由主義を重要と考えた場合のキーワード：多くの制限や不平等

　　　　現代のヨーロッパナショナリズムを重要と考えた場合のキーワード：民族あるいは国民的な自覚の高揚，独立運動，二月革命

MEMO

6 アメリカ合衆国の発展とラテンアメリカの独立

MEMO

確認しよう

モンロー宣言と西部開拓

◆独立後のアメリカ合衆国…国内の整備と国力の充実，ナポレオン戦争では中立

・1823年大統領〈　①　　　　　　　〉が南北アメリカとヨーロッパとの相互不干渉を主張：
〈　①　〉宣言

・西へ領土拡大　フランスからルイジアナ購入，メキシコからテキサスやカリフォルニア獲得
→領土拡大…[　②　　　　　　　　]の開拓＝神からの「明白な天命」＝先住民排除

◆カリフォルニアで金鉱発見　→太平洋岸へ移住者増加　→太平洋進出(捕鯨やアジアと通商)

南北戦争

◆西部の人口増加　→州に昇格　→南部と北部の争い

・北部…工業中心の[　③　　　　　　]貿易をのぞみ，奴隷制には批判的

・南部…生産した綿花をイギリスへ輸出　→奴隷制存続と[　④　　　　　]貿易を求める

◆奴隷制拡大に反対の〈　⑤　　　　　　〉が大統領選に勝利

→南部諸州は連邦を離脱，翌1861年に[　⑥　　　　　　　　　　](南部連合)を樹立

→〈　⑤　〉は認めず，[　⑦　　　　　　　]が勃発

→当初苦戦した北部… ┌・西部の定住者に無償で土地を与える政策を実施→西部の支持を獲得
　　　　　　　　　　 └・[　⑧　　　　　　　]宣言で国際世論を味方　→[　⑦　]に勝利

◆戦後の合衆国の状況

・南部で奴隷制廃止，旧奴隷が参政権をもつ　→経済的自立の基盤はない　→人種主義が台頭

・1869年[　⑨　　　　　　　　　]が開通　→西部開拓のさらなる進展

・国内市場の拡大　→工業化のさらなる進展　→19世紀末に合衆国は世界最大の工業国

ラテンアメリカの独立

◆フランス革命がおこると，フランス領[　⑩　　　　　　　]でアフリカ系の奴隷たちが蜂起

→1804年独立…最初の黒人共和国である[　⑩　]共和国を樹立した。

◆ラテンアメリカ…スペインとポルトガルの植民地

→19世紀はじめ，ナポレオンによる本国占領をきっかけに植民地支配がゆらぐ

→地主層の[　⑪　　　　　　　　　](現地うまれの白人)を中心に独立運動

→ウィーン体制への脅威とみなしたメッテルニヒが独立運動へ干渉

→アメリカ合衆国が〈　①　〉宣言で牽制，[　⑫　　　　　　　]も市場確保のため干渉に反対

◆ベネズエラ・コロンビア・[　⑬　　　　　　　　]・チリ・ペルー・メキシコなどがスペイン
から独立，[　⑭　　　　　　]もポルトガルから帝国として独立した

◆独立後のラテンアメリカ諸国…旧本国系白人，先住民，アフリカ系住民で混血がすすむ

→複雑な住民構成，しかし，[　⑪　]の優位と大土地所有は存続

用語を確認しよう

①アメリカ合衆国でフロンティアの開拓は神から与えられた何と称された？ [　　　　　　　　　　]

②ブラジルはどこの国から，どのような政体で独立した？ [　　　　　　　　　　]

（1）絵と地図をみて下の問いに答えよう。

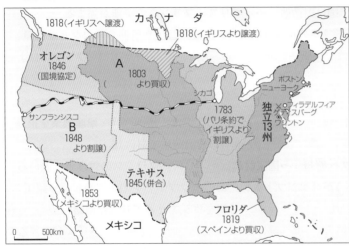

問1　この絵に描かれていないものを選ぼう。
⑦鉄道　⑦船　⑦幌馬車　⑤開拓者　⑦兵士
[　　　]

問2　アメリカを象徴する女神が，左手にもっている線は何だろうか。　　　　[　　　　]

問3　この絵が示す動き（移動）を選ぼう。
⑦画面が右から左に動いている。
⑦画面が左から右に動いている。
⑦画面が上から下に動いている。
[　　　]

問4　地図でAをどの国から買収し，Bをどこの国から割譲されたか答えよう。
A[　　　　]　B[　　　　]

問5　地図の鉄道の名称を答えよう。
[　　　　　]

問6　絵と図版をみて，この絵のタイトルを「明白な天命」とした理由を述べた文の空欄にあてはまる語を答えよう。

[　①　]を排除して領土を拡大する行為は[　②　]と考えたから。

①[　　　　]
②[　　　　　　]

ラテンアメリカ諸国は，なぜ独立を達成することができたのだろうか。　読み解きのツボ

上の問について述べた文の空欄にあてはまる語句を答えよう。

[　①　　　　　]が中心となった独立運動に白人と先住民との混血である[　②　　　　]をはじめとする先住民が協力したこと。またアメリカ合衆国が[　③　　　　]を発してヨーロッパ諸国の独立運動への干渉を牽制し，[　④　　　　]の確保をねらうイギリスも独立運動への干渉に反対したため。

!トライ　南北戦争後のアメリカ合衆国と独立後のラテンアメリカ諸国にはどのような問題が残されただろうか。

ヒント　現在の合衆国の人種差別，南アメリカでの経済格差などに注意しよう。

MEMO

7 オスマン帝国の衰退とロシア

確認しよう

東方問題とオスマン帝国の改革

◆オスマン帝国…イスラーム世界の中心に位置…18世紀末からヨーロッパ諸国に対する劣勢

　→帝国の分割をめぐり，列強が進出し，[　①　　　　　　　　]とよばれる国際紛争となる

◆ロシア…[　①　]に積極的にかかわる　18世紀以降，[　②　　　　　　　]政策をすすめる，

　オスマン帝国内のギリシア正教徒保護を口実に，[　③　　　　　　　]戦争をおこす

　→ロシアの南下をきらうイギリス・フランス軍がオスマン軍を支援して参戦，ロシアが敗北

　→1856年[　④　　　　　]条約 ・黒海が中立化…ロシアの南下は阻止

　　　　　　　　　　　　　　　 ・大国の平和・協調によるウィーン体制の国際秩序崩壊

◆1839年　オスマン帝国が[　⑤　　　　　　　]とよばれる近代化改革実施（←列強進出）

　→この改革で帝国内の臣民…宗教・民族を問わず法の下の平等が保障　→「オスマン人」成立

　→[　③　]戦争をきっかけに帝国は財政難　→イギリス・フランスの干渉が強まる

　→1876年[　⑥　　　　　　　]が公布され，議会の開設，言論や信仰の自由などが保障

　→[　⑦　　　　　　　　　]戦争勃発で[　⑥　]が停止　→イギリス・フランスによる

　　経済支配が強化

エジプト・イランの植民地化

◆オスマン帝国のエジプト総督〈　⑧　　　　　　　　　　　　　〉は，富国強兵・殖産興業を推進

　→フランスと共同で開通させた[　⑨　　　　　　　]の建設費用で財政難

　→[　⑨　]会社の株をイギリスへ売却　→国家財政はイギリス・フランスの管理下にはいる

　→1881年〈　⑩　　　　　　　〉が「エジプト人のためのエジプト」を唱えて蜂起　→鎮圧

◆イラン…18世紀末成立した[　⑪　　　　　　　]朝をロシアとイギリスが侵略

　→両国へ従属を強める　→1891年[　⑫　　　　　　　]運動…イギリスがにぎるタ

　　バコ専売権への反発からおこる

ロシアの大改革

◆[　③　]戦争でロシア敗北　→近代化の必要　→〈　⑬　　　　　　　　　　　　〉が改革着手

　・1861年農奴解放令を発する　・大学や司法制度の改革　→不徹底

　→知識人や学生が「人民のなかへ」をスローガンに[　⑭　　　　　　　]運動を展開

　→農民の支持をえられず，絶望した一部の人々によって〈　⑬　〉は暗殺

◆1877年[　⑦　]戦争がおこる

　→ロシアが勝利してバルカン地域の大部分を勢力下　→イギリス・オーストリアの反対

　→ビスマルクの仲介で1878年に[　⑮　　　　　　]会議が開催　→ロシアの南下は失敗

用語を確認しよう

①ロシアによるオスマン帝国のギリシア正教徒保護を口実にした戦争は？　[　　　　　　　　]

②19世紀前半にオスマン帝国がおこなった近代化改革は？　　　　　　　　[　　　　　　　　]

③タバコ＝ボイコット運動がおこなわれた時のイランの王朝は？　　　　　[　　　　　　　　]

④ロシア＝トルコ戦争後にベルリン会議を仲介したのはだれ？　　　　　〈　　　　　　　　〉

（1）次の地図と肖像について，下の作業をおこない，問いに答えよう。

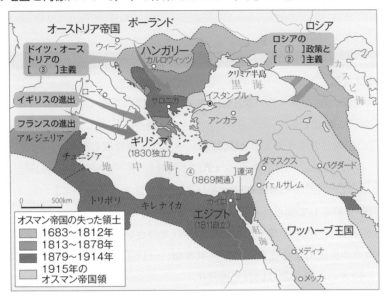

作業1　1683年当時のオスマン帝国の領土の境界線を掲載の範囲で太く黒い線でなぞろう。

作業2　1915年当時のオスマン帝国の領土の境界線を掲載の範囲で太く赤い線でなぞろう。

作業3　肖像の人物が活躍したある戦争の名前にもなった地域を○で囲もう。

問　地図中の空欄①〜④にあてはまる語を答えよう。

[　①　　　　②　　　　　　③　　　　　　　④　　　　]

（2）右の絵につけた吹き出しにあてはまる語を答えよう。

朕はロシア皇帝［　　　　　　　　　　］である。今
［　　　　　　　　　　　］を読み上げている場面なのだ。それ
を実施したのも［　　　　　　　］戦争の敗北で近代化の
必要性を感じたからだ。でも，現実には多くの者ども
が土地を買戻せず，改革は不徹底に終わった。

東海散士は，なぜウラービーの反乱に興味・関心をもったのだろうか。　　　　読み解きのツボ

下の文の空欄⑦⑦にあてはまる人名や語句を教科書p.49のLinkの史料を参考にして答えよう。

［　⑦　　　　　］を設立する要求を掲げて蜂起したウラービーの考え方が，［　⑦　　　　　］策を推進して列強に
対抗する方法を模索していた東海散士の関心と一致したため。

　ロシアの大改革とオスマン帝国・エジプトでみられた改革の共通点は何だろう。

解答例文の空欄にあてはまる語をいれよう。

MEMO

列強に対抗するため，国家の［　　　　　］化をはかる必要性から改革をすすめようとしたこと。

8　アヘン戦争の衝撃と日本の開国

MEMO

確認しよう

アヘン戦争とインド大反乱

◆イギリス…インド産[　①　　　　　　　]を中国に密輸し，中国の茶をイギリスに，イギリスの機械製綿製品をインドに輸出する[　②　　　　　　　]　→清から[　③　　　　　]の回収

　→清…[　①　]の密輸に禁令を発したが効果弱　→アヘンを没収し処分　→イギリスの反発

　　→1840年に[　①　]戦争　→清の敗北　→清に不利な[　④　　　　　]条約の締結

◆イギリスの輸出がのび悩む　→1856年にイギリスがフランスと共同して[　⑤　　　　　　　]戦争をおこして開港場の拡大などを認めさせる

◆清国内…洪秀全がキリスト教の影響を受けた宗教結社をひきいて[　⑥　　　　　　　]樹立

　→[　①　]戦争敗北や重税による社会不安で民衆参加　→制圧（イギリス・フランス，清軍）

◆危機への対処　→欧米の技術をとりいれて近代化

　（軍事産業や紡績工場の導入＋儒教にもとづいた政治思想や制度…従来の中国の学問を重視）

◆インド…イギリス支配に抵抗

　→インド大反乱…東インド会社のインド人傭兵[　⑦　　　　　　　]や民衆などと連帯

　→ムガル帝国を滅ぼし，直接統治下におく　→1877年インド帝国の成立

ペリー来航と条約締結

◆アメリカ…国土が西岸に到達　→1853（嘉永6）年〈　⑧　　　　　〉が浦賀に来航

　目的　日本沿岸での捕鯨や漂流民救護，中国貿易の寄港地の確保

　→軍事力を背景に開国をせまる　→翌年再来航の〈　⑧　〉と[　⑨　　　　　　　]条約締結

◆〈　⑩　　　　　　〉が通商条約の締結を幕府にはたらきかける

　→1858（安政5）年大老〈　⑪　　　　　　〉が天皇の許可を得ずに[　⑫　　　　　　　]条約をむすぶ

　→イギリス・オランダ・ロシア・フランスと同様の条約を締結（安政の五か国条約）→日本の開国

開国の経済的・社会的影響

◆欧米との貿易のため開港した[　⑬　　　　　]に全国から商人が集まる　→輸出入の中心地

　→輸出…おもに[　⑭　　　　　]を輸出，南北戦争勃発のアメリカよりもイギリスが多い

◆日本の民衆文化への関心…浮世絵など文化財の紹介　→[　⑮　　　　　　　]（日本趣味）

◆開国による問題

　・銀との交換比率の違いで金貨が国外に流出　→貿易は大幅な輸出超過　→物価上昇

　　→人々の生活困窮　→一揆や打ちこわし，幕政批判や尊王攘夷運動の背景

　・長崎からはいった[　⑯　　　　　]が江戸など各地で流行被害　→明治以降も定期的に流行

用語を確認しよう

①中国・インド・イギリス間で扱われた3つのおもな商品は？　　　　[　　　　　　　　　　　　]

②秘密結社をひきいて太平天国を樹立したのはだれ？　　　　　　　　　[　　　　　　　　　　　]

③日本と安政の五か国条約をむすんだ5か国の漢字一字表記は？　[　　　　　　　　　　　　]

④開国した当時の日本のおもな輸出品は？　　　　　　　　　　　　　　　　　　[　　　　　　　]

（1）次の絵と地図について，下の問いに答えよう。

凡例：
◎ 太平天国の活動範囲
■ (A)条約の開港場
● (B)条約の開港場
▲ 日米修好通商条約の開港場
‥‥‥ 太平天国軍の進路
── ペリーの日本への航路(1853年)

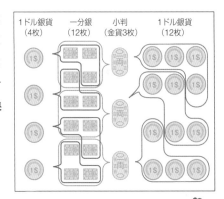

問1　ある戦争を描いたこの絵で，イギリス船と中国船で何が違ったのだろう。

[　　　　　　　　　　　　　　]

問2　この戦争の名称は何だろう。　　　　　　　　　　　　　[　　　　　　]

問3　この戦争の結果むすばれた A 条約の A にあたる地名を答え，地図中の地名を黒○で囲もう。

[A 　　　　　]

問4　 A 条約で開港した五港のうちの C ， D の地名を答えよう。　　[C 　　　　D 　　　]

問5　凡例の B 条約にあてはまる語を漢字で答えよう。　　　　[　　　　　　]

（2）右の図版の説明文の空欄にあてはまる数字を答えよう。

アメリカ人が日本に1ドル銀貨を4枚持ち込み，1分銀に交換すると（　　　）枚となる。それを日本国内で小判（金貨）にかえると（　　　）枚になる。さらにそれを国外に持ち出し，1ドル銀貨に交換すると（　　　）枚となり，大きな利益となった。そのために大量の金貨が日本から流出した。その理由は，日本と外国とでは，銀の交換比率が同じなのに，金と銀との交換比率が，外国の方が日本の（　　　）倍高かったからである。

1ドル銀貨 （4枚）	一分銀 （12枚）	小判 （金貨3枚）	1ドル銀貨 （12枚）

教科書p.53上の絵で，右から2番目の人は黒船をどう思っているだろうか。

読み解きのツボ

下の文の空欄①②にあてはまる表現を考えてみよう。

外国船の見物は禁止する立て札のある柵を踏み倒している様子から，このような措置に対しての[　①　　　　　　　　]や，来航した外国船に対して[　②　　　　　　　　　　　　　　]をもっていると思われる。

トライ　日本と欧米との条約が清と欧米との条約と異なる点は何だろう。

解答例文の空欄にあてはまる語をいれよう。

日本と欧米の条約では，清と欧米との条約と比べて[　①　　　　　　　]を譲渡せず，外国人の自由な[　②　　　　　]やキリスト教の布教も許可しなかった。

MEMO

9 江戸幕府の滅亡

確認しよう

尊王攘夷運動の高まり

◆将軍の後継者問題

・大老井伊直弼が反対派を押し切り，紀伊藩主徳川慶福を推挙した

・慶福は〈　①　　　　　　〉として14代目の将軍となる

・反対派との対立が深まった大老井伊直弼は，弾圧を決行…[　②　　　　　　]

◆大老井伊直弼の政治

・貿易開始　→外国勢力を追い払おうとする[　③　　　　　]と天皇を重視する[　④

　　　　　]がむすびつき，尊王攘夷派が形成される

・尊攘派の水戸藩の元藩士らが井伊直弼を暗殺する…[　⑤　　　　　　]

◆老中安藤信正による[　⑥　　　　　　]：朝廷の権威を利用し，朝廷と幕府が一致団結をはかる

　　　　　　　　↳孝明天皇の妹である〈　⑦　　　　〉と将軍家茂との結婚の実現

幕末の薩摩藩と長州藩

◆薩摩藩の動向：薩英戦争ののち，イギリスとは関係を深める

・薩摩藩の〈　⑧　　　　　〉が幕府に改革をせまる

・江戸から戻る途中でイギリス人を殺傷する[　⑨　　　　　　]をおこし，1863年に薩英戦争

がおこる

◆長州藩の動向

・下関で外国船を攻撃する（尊王攘夷の実行）

・[　⑩　　　　　　　]で薩摩藩・会津藩に京都を追われる

→再度，京都に攻めのぼるが，禁門の変でやぶれる。

→その後，幕府は第一次長州征討の準備をしたが，長州藩は戦闘せずに幕府に降伏

大政奉還と王政復古

◆薩長同盟…〈　⑪　　　　　〉らの仲介で，薩摩藩が長州藩を支援する密約がむすばれる

◆15代目の将軍に〈　⑫　　　　　〉が就任する

→土佐藩の提案を受け入れ，政権を朝廷に返上した…[　⑬　　　　　]

◆薩長と岩倉具視による新政権発足へ…[　⑭　　　　　　]

用語を確認しよう

①安政の大獄で反対派を弾圧し，桜田門外の変で殺害された大老はだれか？　〈　　　　〉

②坂本龍馬らによって薩摩藩と長州藩がむすんだ密約とは何か？　[　　　　]

③新政権発足にかかわった公家とはだれか？　〈　　　　〉

（1）左の資料は，1867年に東海地方でおこった有名な民衆乱舞を描いたものであるが，これは何か？　　　［　　　　　　　］

（2）どこのお札が降っているか？　資料ののぼりに注目して答えよう。　　　　　　　　　　　　　　　　　［　　　　　　　］

（3）人々は何を願って，乱舞をしているのだろうか。

（4）先生と生徒の会話文中の［　A　］～［　C　］に適語を書こう。

> 先　　　生　　この資料は，江戸幕府15代目の将軍［　A　］が大政奉還を諮問している場面ですね。倒幕派の機先を制して，大政奉還を決めた理由は何だと思いますか？
>
> ひろきさん　新政権発足後も自分自身が政治の［　B　］をにぎることができれば問題ないと考えたからだと考えます。
>
> す　ずさん　ひろきさんの考えに賛成です。おそらく倒幕派もこの意図を見抜いており，そのため新政権では［　C　］を廃止したのだと思います。徳川氏を新政権から排除するための一手ではないでしょうか。
>
> 先　　　生　　新政権による新たな権力母体がどのような国家をつくるのか，次章で確認してみましょう。

［　A　　　　　　　　］
［　B　　　　　　　　］
［　C　　　　　　　　］

（5）どうして米屋をおそっているのか，空欄に適語を入れてみよう。

　開国して［　A　　　　　］がはじまると，日本と海外の金と銀の交換比率の違いから，金が大量に流出した。このことが，［　B　　　　　　　］をひきおこし，人々の生活を苦しめたからと考えられる。

> ！トライ　江戸幕府がめざした政治とはどのようなものか。また，薩長はなぜそれに反対したのだろうか。

MEMO

アクティブ 2 19世紀の日本の外交交渉

読みとろう 考えよう 説明しよう

教科書 p.56〜57

おさえておこう

- 19世紀前半，イギリスは中国・インドをむすぶ（ ① ）貿易で利益を得ていた。 教科書p.52
- 1842年，アヘン戦争の講和条約として（ ② ）条約がむすばれた。 教科書p.52
- 1854年，江戸幕府はアメリカとの間に（ ③ ）条約を締結した。 教科書p.53

1 条約交渉の様子を比べてみよう

ステップ①②

中国と日本は，開港（開国）に向けた条約交渉をどのような場所でおこなっていたのか，また，その違いはなぜおこったのか。次の会話文中の【 】にあてはまる語句として適切なものを選び，文を完成させよう。

ひろきさん： 2枚の絵をみると，中国は【 船の上・陸上の建物 】で交渉しているのに対し，日本は【 船の上・陸上の建物 】が交渉会場になっていますね。

すずさん： 中国の開港交渉がおこなわれた船は，内装や描かれている人の数，そして，窓の外に描かれている船から【 イギリス・中国 】の船であることが推測できます。

先生： 船の中は，その船が所属する国の領土とみなすことができます。つまり，場所の違いは，戦争に敗れ，講和条約をむすぶ過程で開港した【 中国・日本 】と外交交渉の過程で条約をむすび開国した【 中国・日本 】の違いをあらわしています。

ヒント 交渉に至るまでの両国の違いを確認してみよう（教科書p.52〜53）

② 条約交渉に関するアメリカの史料を読みとってみよう

（1）教科書p.57をみて，史料中空欄にあてはまる語句を答えよう。

フィルモア大統領の国書
私が……ペリー提督に命じましたのは……合衆国と日本が友好裡に暮らし，相互に通商を行うことを皇帝陛下に提案する以外の何等の目的も持っていないということです。……友好関係，（　①　　　），（　②　　　）の補給，そして難破したわが国民の保護こそ，皇帝陛下の名高い江戸の都市を訪問すべく，私が強力な艦隊とともにペリー提督を派遣した唯一の目的なのです。

ペリー日本遠征日記
彼ら（日本政府）は［力づくの］抵抗は無益であると知り，まことに賢明にも（　③　　　　）手段を講じ，我が政府が求めた道理にかなった譲歩を巧みに斥けるために，ありとあらゆる（　④　　　　）と欺瞞の手段をもちいる日本人独特の外交方式をとる決心をしたのである。遠征が拠って立つ手立てを講じた［わが国民の］最も楽観的部分が期待したより以上に，彼らはついに譲歩することとなった。……

ステップ① 次の文章の【　】にあてはまる語句として適切なものを選ぼう。

国書の要求のうち，和親条約では【　通商・石炭や食料の補給　】のために下田と箱館が開港された。

③ 条約交渉の様子を読みとってみよう

（1）教科書p.57をみて，史料の空欄にあてはまる語句を答えよう。

（　①　　　　）の件であるが，これはなぜ了承願えないのか。……貴国にしても，（　①　　）が許可されれば，格別な国益が得られるはずであり，決して損失になるようなことはない。よって，これは是非とも承認されるべきかと思われる。

ペリー

林大学頭

（　①　　）というものは，余剰の品物を欠乏している品物に交換する行為であり，……元来日本国は，（　②　　　　　）しており，外国の品物がなくとも少しも不足はない。……先ほど，使節のこの度の来航は，第一に人命を重視してのものであると話された。そうであれば，（　③　　　　　）してほしいという願いは叶っているのだから，主たる目的は達成されたとすべきである。

ステップ② 条約交渉の様子と②のペリーの日記を比較し，次の【　】にあてはまる言葉を選ぼう。

ペリーの日記からは【　アメリカ・日本　】側が譲歩したように読みとれるが，国書と条約の比較，そして，実際の交渉記録からは【　アメリカ・日本　】側も譲歩していたことがわかる。

！トライ　中国と日本の違いは，その後の歴史にどのような影響を与えただろうか。

ヒント　1840年代～1860年代の間に中国・日本と欧米諸国がむすんだ条約内容を比較してみよう。

MEMO

1 次の図版をみて，下の問いに答えよう。

A

B

C

D

問1　フランス国内の事件はA～Dのどれか，すべて選ぼう。

問2　A～Dの事件・戦争を時代の古い順に並べて正しいものを①～④から1つ選ぼう。

　　　①　A→C→D→B　　②　A→C→B→D　　③　C→A→D→B　　④　C→A→B→D

問1		問2	

2 次の図版をみて，下の問いに答えよう。

A

B

C

問1　①～③の私は上の図版のだれにあたるか，それぞれA～Cから選び，その名前を書いてみよう。

　　　①　私は，クリミア戦争に負けたことから改革に着手した。

　　　②　私は，総督に就任し，富国強兵・殖産興業を推進した。

　　　③　私は，ある国との交易を求める交渉のために遠征した。

問2　次の事項にもっとも深く関係する人物を，A～Cの図版からそれぞれ選ぼう。

　　　①　捕鯨と浦賀　　　　　　　②　ナロードニキ運動と暗殺

問3　次の資料に関係する人物を，A～Cの図版から選び，この資料の名を答えよう。

　　資料　新しい規定により，農民は，自由な農村住民としての完全な権利を，適時に受け取ることとなる。… 農民は，土地買戻しにより，地主への義務負担から解放され，まさしく自由な土地所有農民の身分となる。…

問1	①	②	③	
問2	①	②	問3	

3 次の図版をみて，下の会話の空欄にあてはまる記号や語句を答えよう。

A

B

C

ひろきさん： 船に関係する図版を選んで，古いもの順に並べといたんだけれど，バラバラになっちゃった。

すずさん： （ ① ）の順でしょ。

先生： そうですね。では，ひろきさん，この3枚の絵に共通した関係国は，イギリス，アメリカ合衆国，ドイツのどの国かな？

ひろきさん： （ ② ）だと思います。

先生： そうです。ではすずさん，茶が破棄されたのはどの図版で，何という都市でおこった事件かな？

すずさん： まちがいなく（ ③ ）です。

① → →	②	③

4 次の文章を読み，下の問いに答えよう。

ヨーロッパでは，18世紀後半におこったアメリカの独立や（ ① ）といった変革の嵐がふきあれた。いちはやく（ ② ）を達成したイギリスの覇権が強まるなかで，ほかのヨーロッパ諸国も工業化をすすめ，国民国家形成の動きをみせる。なかでも，イギリス・フランスは海外進出を強め，アフリカ・インドや東南アジアなどを植民地とし，さらに東アジア諸国に開国をせまっていった。

ヨーロッパ諸国の進出を受け，（ ③ ）を中心とした東アジアの伝統的な国際秩序はゆらぎはじめた。1842年におこったイギリスとの（ ④ ）戦争にやぶれた（③）は開国し，⑤日本もペリーの来航により国を開き，これにともなう⑥混乱のなかで，江戸幕府が崩壊した。

問1 空欄①②には，ともに革命の語がつく語句がはいる。それぞれの語句を答えよう。

問2 空欄③には，中国の王朝名がはいる。その王朝名を漢字1字で答えよう。

問3 空欄④にあてはまる戦争名を答えよう。

問4 下線部⑤について，安政の五か国条約の5か国にあてはまらないものを選ぼう。
ⓐ オランダ　　ⓘ ロシア　　ⓤ オーストリア　　ⓔ フランス

問5 下線部⑥について，江戸幕府は朝廷と一致団結する体制でのりきろうとした。この体制を漢字4字で答えよう。

問1	①		②		問2	
問3			問4		問5	

10 イギリス・フランスの繁栄とイタリア・ドイツの統一

確認しよう

19世紀のイギリスとフランス

◆イギリス，19世紀，ブルジョワよりの改革がすすむ

・1832年　都市の中産階級に選挙権が拡大　→議会で資本家の発言力が高まる　→労働者は

政治参加を求めて [① 　　　　　　　　] を展開　→1867年に都市労働者，1884年

に農村労働者も選挙権獲得

⇒議会制民主主義の基盤拡大，〈 ② 　　　　　　 〉治世のもと，[③ 　　　] 党

と保守党の二大政党制が確立，対外的には強力な海軍力で植民地帝国を形成

◆フランス，はげしく政治が変動する

・二月革命後に第二共和政の成立→ナポレオンの甥〈 ④ 　　　　　　 〉がクーデタ

→1852年国民投票で皇帝（ナポレオン3世）が即位して [⑤ 　　　　] の成立

・ナポレオン3世の政策…鉄道建設などの工業化，フランス市場の拡大，そのための海外進出

→ [⑥ 　　　　　　　] 戦争にやぶれて [⑤] 崩壊　→臨時政府が成立，パリ

で民衆が自治政府 [⑦ 　　　　　　] 樹立　→臨時政府が鎮圧，[⑧ 　　

] 発足

イタリアの統一

◆イタリア，諸国分立が続く　→ [⑨ 　　　　　　] 王国が統一の主導権をにぎる

・首相〈 ⑩ 　　　　 〉が経済発展をめざすとともに，クリミア戦争参戦…国際的地位向上

→フランスの援助でイタリア統一戦争をすすめる

・〈 ⑪ 　　　　　 〉が義勇兵を率いシチリア王国制圧　→ [⑨] が征服地を併合

→イタリア王国成立　→その後ヴェネツィアや教皇領もイタリア領となる

◆課題　北部と南部の経済格差，オーストリア領に残る「[⑫ 　　　　　　]」

ドイツの統一

◆政治統一すすまず… 理由 ゆるやかな連合体，オーストリアとプロイセンの対立

◆三月革命（1848）の結果，[⑬ 　　　　　　] が開催　→武力で弾圧され，失敗

[・オーストリアを含むドイツ統一＝大ドイツ主義⇔プロイセン中心＝小ドイツ主義…優勢
・自由主義的な憲法の採択

◆プロイセン首相〈 ⑭ 　　　　 〉は経済・軍事力で統一志向…「[⑮ 　　　] 政策」

→1866年 [⑯ 　　　　　　] 戦争に勝利　→フランスとの関係性が

悪化　→1870年プロイセン＝フランス戦争で勝利

→1871年，ヴィルヘルム1世がドイツ皇帝の位につき，ドイツ帝国が成立

◆ドイツ帝国憲法…宰相は皇帝にのみ責任を負い，議会の力は小さい　→大日本帝国憲法に影響

用語を確認しよう

①19世紀前半にイギリスで労働者が政治参加を求めた運動は？　　　 [　　　　　　]

②イタリア統一をめざすサルデーニャが国際的地位を高めるために参戦した戦争は？

[　　　　　]

③鉄血政策をかかげたプロイセンの首相はだれ？　　　　　　　　　　　　　　　　　　　　〈　　　　　　　〉

④1871年に即位したドイツ帝国最初の皇帝はだれ？　　　　　　　　　　　　　　　　　　〈　　　　　　　〉

資料を読みとろう

（1）2枚の絵について，下の文の問いに答えよう。

　図版Aは，1851年にロンドンで開催された［　①　　　　　　　　　　］の開会式の様子で，○で囲んだ女性は〈　②　　　　　　　〉女王である。屋内なのに屋外のように明るいのは，鉄と［　③　　　　　］を使って光を取り込める構造にした建物だからである。その後，フランスのナポレオン3世のもとでも［　①　　］が開催され，図版Bのようにパリを大改造している。それは，非衛生的な［　④　　　　　　］を除去して快適な住居を建設したり，交通整備のために大通りを機能させたり，⑤　　　　　　　　　　　　　を可能にする治安上の目的があった。

問1　空欄①～④にあてはまる語を答えよう。

問2　空欄⑤にあてはまる語で誤っているものを1つ選ぼう。

　　⑦軍隊の移動　　　⑦大砲の使用　　　⑦犯罪の防止　　　⑦散歩の禁止　　　　　　　　　　［　　　　］

ワーク 教科書のトピックを読んで，社会主義思想にみられる2つの考え方をまとめてみよう。

下の文の空欄⑦～⑦にあてはまる人名や語句を教科書p.61を参考にして答えよう。

　イギリスの〈　⑦　　　　　　　　　　　　　〉らは，社会的不平等が是正された社会の建設をめざす社会主義思想を唱え，貧困のない平等な［　⑦　　　　　］社会を模索した。一方，〈　⑦　　　　　　　　　〉とエンゲルスは［　⑦　　　　］による社会主義の実現を訴え，社会主義への移行の［　⑦　　　　　］性を主張した。

！トライ　イタリアとドイツの統一運動にみられた共通点と相違点は何だろうか。

ヒント　次のことに留意して考えてみよう。統一の中心となった国，統一の動きの様子。

MEMO

共通点：

相違点：

11 明治政府の諸改革

確認しよう

明治維新

◆江戸幕府から明治政府へ

・1868年京都の鳥羽・伏見で旧幕府軍と薩長軍が交戦：[　①　　　　　　]のはじまり

　→江戸城の無血開城，東北や箱館での戦闘など新政府軍が戦いを有利に展開し，勝利

・江戸幕府から明治政府への政権交代と天皇を中心とした国民国家創出過程を[　②　　　　　　]という

新政のはじまり

・明治政府の方針として[　③　　　　　　]を天皇が神々に誓う形で発布

・儒教道徳をすすめ，キリスト教を禁止する[　④　　　　　　]を民衆に示す

・三権分立の原則を打ち出す…[　⑤　　　　]を発足させて新政府の組織をつくる

・[　⑥　　　　　　]を採用し，天皇一代は同じ元号とした

・天皇が江戸城に移ると，首都を[　⑦　　　]に改める

◆中央集権的な国家形成へ

・1869年[　⑧　　　　　]…土地と人民の支配権を朝廷に返す

・1871年[　⑨　　　　　]…薩・長・土の3藩で組織した兵力を背景に，藩を廃止して県を設置

　　　　　　　　→新政府が[　⑩　　　　　　]を任命して地方へ派遣
　　　　　　　　　旧藩主は東京在住を命ぜられた

四民平等と国民皆兵

◆四民平等

・江戸時代の身分制度を廃止…公家や大名を[　⑪　　　]，武士を[　⑫　　　　]，その他を平民とした。平民は苗字や身分をこえた結婚・職業選択や居住の自由が認められた。賤民身分は廃止され，平民とされたが差別された

・[　⑬　　　　　]…20歳以上の男性が徴兵検査を受け，合格者のうち一定数が兵役につく
　　↓　　　　　　　ことを規定

　免役規定を利用して徴兵逃れがおこなわれる/徴兵制度そのものに反対する[　⑭　　　　　]がおこる

用語を確認しよう

①新しく採用された天皇一代は，同じ元号を用いる制度とは何か？　　　　　　　[　　　　　　]

②261藩を廃止して，3府72県を設置した改革とは何か？　　　　　　　　　　　[　　　　　　]

③明治政府による新しい土地・税制改革とは何か？　　　　　　　　　　　　　　[　　　　　　]

（1）左の資料は，地租改正に反対した一揆である伊勢暴動を描いたものである。一揆参加者はなぜ怒っているのか，［　A　］～［　C　］に適語を書こう。

時代が変わって年貢の負担が軽くなるかと思ったら，明治政府による地租改正ってのは，［　A　　　　　］を発行して，土地の所有者を確定し，土地の面積と収穫量に基づいて［　B　　　　　］を定め，その［　C　　　　　］を現金で納めるものだってさ！　負担は今までと何ら変わらないじゃないか！

（2）下の絵は，旧幕府側と新政府側が江戸明けわたしのために会談をおこなっている様子を描いている。

①会談に臨んだ人物名をそれぞれ書こう。

②二人はどのような気持ちで会談に臨んだと考えられるか，それぞれ１つ選ぼう。

（左）新政府代表：〈　　　　　　　〉　　　（右）旧幕府代表：〈　　　　　〉

ア　横浜には英仏の軍隊が常駐している。旧幕府側とつながりの深いフランスに支援させれば，この戦争に勝てるかもしれない！　よし，相手の出方をみてみよう。江戸で総攻撃を迎え撃つ！

イ　横浜には英仏の軍隊が常駐している。新政府との全面戦争になったら諸外国がこの内戦にかかわり厄介なことになる。江戸を戦場にすることを避けねば！

ウ　江戸城総攻撃のために京都から江戸にやってきたが，劣勢が続いている。勝てるだろうか，心配だ。

エ　江戸城総攻撃は相手の出方次第だ。こちら側が優勢だが，江戸城明けわたしの要求をのんでくれればいいが。

！トライ　新政府の改革を民衆の立場で採点（５点満点）し，その理由を話しあってみよう。

新政府の諸改革を採点すると，＿＿＿＿＿＿点です。理由は，＿＿＿＿＿＿＿＿＿＿＿＿＿＿＿＿＿＿＿＿

＿＿＿＿＿＿＿＿＿＿＿＿＿＿＿＿＿＿＿＿＿＿＿＿＿＿＿＿＿＿＿＿＿＿＿＿＿＿だからです。

MEMO

12 日本のアジア外交と国境問題

MEMO

確認しよう

清・朝鮮との国交

◆清との国交…変則的だが対等な形でむすばれる

・1871年[　①　　　　　　　　]をむすぶ…領事裁判権と協定関税を認めあう変則的なものであったが対等条約

◆朝鮮との国交…日本が軍事的圧力で朝鮮に不平等な条約をむすばせる

・日本との新たな国交樹立を拒否　→西郷隆盛らは朝鮮に対して「征韓」の方針を決定

・この決定に帰国した[　②　　　　　　　]が国内体制の整備が急務であると反対

　→征韓派は辞職して明治政府を離れた。これを[　③　　　　　　]という

・1875年[　④　　　　　　]の責任を追求し，[　⑤　　　　　　　]をむすばせた（朝鮮に不平等な条約）

北方と南方の国境

◆ロシアとの国境

・1855年[　⑥　　　　　　　　]…択捉島以南は日本領・得撫島以北はロシア領

　　　　　　　　　　　　　　　　樺太は日露雑居

・1869年，蝦夷地は[　⑦　　　　]と改められ，[　⑧　　　　　]が設置された

　→北海道の開発をすすめる

・1875年[　⑨　　　　　　　　　]…千島列島は日本領 / 樺太はロシア領

◆南方の国境

・1876年[　⑩　　　　　　]が日本領であると諸外国に再宣言する

日本の台湾侵攻と琉球処分

◆琉球をめぐる日清の対立

・（日本）1872年，琉球王国を琉球藩とする

・（台湾）1871年，琉球島民が台湾で殺害される

・（日本）1874年，[　⑪　　　　　　]をおこない，琉球の領有を主張

　　　　　　↓

・（日本）1879年，[　⑫　　　　　]を設置する…これを[　⑬　　　　　　]という

・（中国）琉球王国の宗主国として，[　⑬　]に抗議し，琉球王国の存続を求める

　　　　　　↓

・琉球は[　⑭　　　　　　]後，日本に組みこまれるようになった

用語を確認しよう

①西郷隆盛らによる「征韓」に岩倉具視とともに反対した人物はだれか？　〈　　　　　　　〉

②日露の国境が確定されていくなかで，強制移住させられた民族は？　　　[　　　　　]

③日清戦争の講和条約を何というか？　　　　　　　　　　　　　　　　[　　　　　]

（1）下の絵は，1875年におこった江華島事件である。以下の会話文に適語を書こう。

先　　生	日本軍が何をしているかわかりますか？
ひろきさん	うーん，よくわからないなぁ。
す　ずさん	きっと，朝鮮の砲台にこっそり上陸しようとしているんだわ！　急げって感じで。
ひろきさん	ああ，なるほど！　朝鮮を無理やり［　　A　　　］させるために，既成事実をつくっているんだな。
先　　生	そのとおりです。朝鮮首都［　　B　　　］を守る拠点である江華島付近の領海に侵入しています。
す　ずさん	朝鮮側に発砲され，その後，砲台を占領して，大砲を奪って逃げたんですよね。
先　　生	そうです。日本政府は欧米に対して［　　C　　　］をよくわかっていない朝鮮側が不法に攻撃を仕掛けたと報告書を改ざんして提出したのです。［　C　］はa万国公法とよばれて東アジアにひろく伝播しますが，日本は［　C　］をいいように使っています。
ひろきさん	日本はアメリカの圧力で開国し，［　D　　　　］な条約をむすばされたのに，朝鮮に対して同じことをしたのはなんでだろう。

（2）下線部aに関して，万国公法(国際法)は世界共通の国際法ではなかった。どのような特徴があるかまとめてみよう。

・西洋の近代国家の間では，［　　　　　　　　　　　　　　　　　　　　　　　　　　　　　］である。

・西洋の近代国家は，西洋以外の国家に対して［　　　　　　　　　　　　　　　　　　　　　　　　　］を正当化した。

！トライ　日本の国境画定によって被害を受けた人々がいるとすれば，それはどのような人々で，どのような被害があったのだろうか。①〜③にあてはまる答えとして正しい記号を選ぼう。

ロシアとの国境確定	①[　　　]	A．外交上の「道具」として扱われた
琉球王国	②[　　　]	B．樺太のアイヌが北海道に強制移住させられた
宮古島・八重山	③[　　　]	C．存続を望む人々の声が無視された

MEMO

13 自由民権運動と大日本帝国憲法

MEMO

確認しよう

政府への抵抗

◆士族反乱…1874年佐賀の乱・1877年[① 　　　　　　　] →いずれも鎮圧される

◆政府を去った板垣退助ら…[② 　　　　　　　]を提出 →政府は却下する

　→内容が新聞に掲載されて，反響をよぶ

◆言論を武器に，国家や憲法によって人々の自由や権利を保障する近代国家をつくる[③ 　　　　　　　]がはじまる

結社の時代

◆結社の設立

・板垣退助らが高知に[④ 　　　　　]をつくり，言論運動をはじめる

・全国の結社を結ぶ組織として，1875年に[⑤ 　　　　　]が創立

◆士族中心の政治運動に有力農民が加わる

・1880年に[⑥ 　　　　　　　　]を結成して，国会開設を求めた

・[⑦ 　　　　　]もさかんにおこなわれ，〈 ⑧ 　　　　　〉，景山英子ら女性の民権運動家も活躍した

◆政府の対応

・1875年に[⑨ 　　　　　　　]，1880年集会条例を発して，規制を強めた

政党の結成

◆明治十四年の政変

・大隈重信と伊藤博文が国会開設と憲法制定をめぐって対立を深める

・1881年[⑩ 　　　　　　　　]がおこると，政府批判の世論が高まった

・伊藤は払い下げを中止 ・大隈重信を政府から追放 ・10年後の国会開設を約束

◆民権派の活気

・国会開設に向けて政党結成…板垣を総理とする[⑪ 　　　　　] / 大隈を総理とする[⑫ 　　　　　]

立憲制国家の成立

◆大日本帝国憲法の制定

・伊藤博文はプロイセン憲法を学び，顧問の〈 ⑬ 　　　　　　　〉の協力のもと憲法を起草

・1889年2月11日天皇が国民に授ける形で[⑭ 　　　　　　　]が発布された

・憲法では，天皇が元首かつ[⑮ 　　　　　]とされ，大きな権限をにぎった

・一方，国民は「臣民」とされ，権利は限定された

用語を確認しよう

①自由民権運動の結社の全国組織を何というか？　　　　　　　　　[　　　　　]

②官有物払い下げ事件を利用し，大隈が政府から追放された事件とは何か？

　　　　　　　　　　　　　　　　　　　　　　　　　　　[　　　　　]

③政府が1890年に出した忠君愛国の教育方針とは何か？　　　　　[　　　　　]

大日本帝国憲法

第一条　大日本帝国ハ万世一系ノ天皇之ヲ統治ス

第三条　天皇ハ神聖ニシテ侵スヘカラス

第四条　天皇ハ国ノ元首ニシテ統治権ヲ総攬シ此ノ憲法ノ条規ニ依リえヲ行フ

第二九条　日本臣民ハ法律ノ範囲内ニ於テ言論著作印行集会及結社ノ自由ヲ有ス

五日市憲法（日本帝国憲法）

・日本国民は、各自由権利をもっている。法律はそれを保護しなければならない。

・日本国民は、華族や平民の区別なく、法律上の平等である権利をもつ。

・府県（地方）の自治は、その地域の習慣などによるものなので、国会といえども侵してはならない。

（1）それぞれの憲法の線が引かれている部分に着目しながら，国民の権利に関する規定をまとめよう。

五日市憲法	大日本帝国憲法
・日本[　A　]と規定されている ・国民は法律に[　B　]されて自由や[　C　]をもつ ・華族や平民の別なく，法律の上で[　D　]な[　C　]をもつ	・日本[　E　]と規定されている ・[　F　]で自由が認められるということは，自由を認めないという法律が成立したら，自由がなくなってしまう可能性がある

（2）下の資料は，イタリア人の画家が明治天皇を描いた絵を写真に撮ったものである。これに関連して，すずさんがまとめたレポートに適語を加えて，レポートを完成させよう。

すずさんのレポート「近代天皇イメージと明治天皇」
・明治政府は天皇を中心とした国家体制づくりをめざした。
・江戸時代にほとんど民衆に意識されていなかった天皇を，最も権威ある存在として民衆に示す必要があった。
・例えば，天皇一代でひとつの元号とする[　A　]を定め，天皇に関係する日を祝祭日とした。
・祝祭日には，子どもたちが学校へ登校して，天皇の肖像画写真である[　B　]に拝礼し，天皇を尊ぶ習慣がつくられた。
・[　B　]が肖像画写真である理由は，写真をもとに威厳を加えて天皇を描くことが可能だったから。
・[　B　]は全国の学校に配られた。特別な日に子どもたちがみることで，天皇の神格化をはかろうとした。

トライ 大日本帝国憲法にある「強い君主権」は，その後の日本にどのような影響を与えたのか。

MEMO

北海道旧土人保護法は何を目的に制定されたのか

アクティブ3　読みとろう　考えよう　説明しよう

教科書　p.70〜71

おさえておこう

①アメリカの西部開拓は神から与えられた使命という考え方を何というか？（　　　　　）

②①の考え方は先住民を排除して良いと解釈された。19世紀前半に強制移住させられた先住民を答えなさい。
　　　　　　　　　　　　　　　　　　　　　　　　　　　　　　　　　　　　（　　　　　）①②教科書p.44

③明治政府は1869年に北海道開拓のために何という役所を置いたか？…………（　　　　　）教科書p.67

❶ アメリカのドーズ法とアメリカ先住民

ステップ**1**　A・Bの写真に写っているのはいずれも先住民である。以下の問いに答えよう。

A

B

①AとBどちらが先住民だとすぐにわかりますか？　（　　　）　　　　　　　（理由）＿＿＿＿＿＿＿＿

②なぜ，AとBの写真の先住民は服装が異なるのか，以下の文を完成させながら，考えてみよう。

> アメリカでは19世紀のなかばころまでに（　ア　　　　　）がおわり，フロンティアが消滅し，もともとその土地に住んでいた先住民のなかには，土地を追われることになった部族が多くいました。1887年には，（　イ　　　　　）が制定され，部族で共有していた土地が政府に取り上げられ，白人に安く売られることとなりましたが，Aの資料は，割り当て後に余った土地を宣伝する広告です。さらにBの資料をみてみると，白人の寄宿学校に入学した先住民の子どもたちはほとんど同じ服を着ています。これは，先住民をアメリカ人と同じように変えていく（　ウ　　　）の一例です。近代国家をつくるうえで，先住民にはアメリカ人になることが強制され，彼らの生活や文化は十分に保障・尊重されなかったといえます。

40　アクティブ3　北海道旧土人保護法は何を目的に制定されたのか

② 日本の北海道旧土人保護法とアイヌ

ステップ❶　近代日本がすすめる北海道開拓によってアイヌはどのような困難に直面したのだろうか？

ステップ❷　日本政府がアイヌに求めたことは何だったか？

すずさん：　1870年代以降，アイヌは政府に土地を奪われ住み慣れた土地を追われてしまったのね。

ひろきさん：アイヌの伝統的な生活は（　　A　　）だけど，土地の開墾がすすんだようだから，今までと同じような生活はできなくなるよ。生活基盤が壊れていったと考えられるね。

すずさん：　きっと，アイヌの人々の生活はとても苦しくなってしまったはずよ。政府はアイヌの生活保障を考えないのかしら？

ひろきさん：1899年に（　　B　　）が制定されているよ。貧窮するアイヌを保護する法律だそうだよ。条件付きで，未開地を与えて救済するって書いてあるね。

【北海道旧土人保護法】
第一条　北海道旧土人にして農業に従事する者又は従事せむと欲する者には，一戸に付土地一万五千坪以内に限り無償下付することを得。
第三条　第一条に依り下付したる土地にして其の下付の年より起算し十五箇年を経るも，尚開墾せざる部分は之を没収す。
第九条　北海道旧土人の部落を為したる場所には国庫の費用を以て小学校を設くることを得。

すずさん：　え？　開墾地じゃなくて，未開地が与えられるの？　じゃあ，生活するために，自分たちで土地を開墾して，農業するしかないじゃない。それに，「　　C　　」っていう言葉はアイヌに対する差別を感じるわ。法律には，小学校をつくるって書いてあるけれど，小学校で教わる言葉は，アイヌの言葉ではなく，（　　D　　）ね。

ひろきさん：これじゃあ，生活基盤だけでなく，文化や伝統までもが壊されていくだろうね。学校の前に（　　E　　）が掲げられているのは何でかな。

すずさん：　きっと，アイヌに日本人になることを強制する意味があるんだと思う。

ひろきさん：アイヌは，日本人になることを強制されたのに，生活保障も不十分で，伝統文化も禁止されたから，アイヌの人たちは納得できないと思う。

すずさん：　だから，アイヌの歌人（　　F　　）は『コタン』を発行して，アイヌの仲間に

［　　　　　　　　　　　　　　　　　　　　　　　　　］とよびかけているのね。

※四角には，教科書p.71を参考に違星北斗がアイヌにどんなことを訴えかけたのか書いてみよう！

！トライ　北海道旧土人保護法は1997年まで残り，アイヌ文化振興法にかわった。そして2019年にアイヌ民族が先住民として明記されたアイヌ支援法が制定された。アイヌ支援法はアイヌの人々にとってどのような意味があると考えられるか？

MEMO

教科書 p.58～71

1 次の図版をみて，下の問いに答えよう。

A（　　）

B（　　）

C（　　）

問1　A～Cの資料のタイトルとして適切なものを選んで（　　）に記入してみよう

　　　1．処刑されるパリ＝コミューンの兵　　　　2．ロンドン万博

　　　3．西南戦争

問2　A～Cの資料を時代の古い順に並べかえよう。　（　　　→　　　→　　　）

2 次の図版をみて，下の問いに答えよう。

A　ビスマルク　　　　　B　岸田俊子　　　　　C　マルクス　　　　　D　前島密

問1　次の①～④は図版のだれにあたるか，それぞれA～Dから選び，名前を書いてみよう。

①　私は，日本の郵便制度を整えるために努力した（　　　　）

②　私はプロイセンの首相として，ドイツ統一のために戦争を遂行し，ドイツ帝国を樹立した（　　　　）

③　私は民権運動家で，男女同権を唱えた（　　　　）

④　私は労働者の団結による社会主義の実現を訴え，『資本論』で資本主義社会を分析した（　　　　）

問2　右の資料について，説明してみよう。

1872年11月9日，太陰暦を廃止して（　A　　　　　　）を採用することが決まりました。1年を（　B　　　　　）とし，1日を（　C　　　　　　）とすることなどが定められました。一番上には祝祭日が記されており，2月11日は伝説上の初代天皇である神武天皇が即位したとされる日で，紀元節といいます。また，11月3日は（　D　　　　　　）の誕生日で，（　E　　　　　）といいます。祝日は天皇や朝廷行事と強いむすびつきがあることがわかります。

問3　右の資料を説明した文章にあてはまる語句の組み合わせとして，正しいものを選ぼう。

これは，（　　　　）の生産のために群馬県に設けられた官営模範工場（　　　　）である。

　　ア　A：綿糸　B：開拓使
　　イ　A：綿糸　B：富岡製糸場
　　ウ　A：生糸　B：開拓使
　　エ　A：生糸　B：富岡製糸場　（　　　）

3 次の文章を読み，下の問いに答えよう。

19世紀後半は，ヨーロッパではドイツやイタリアが統一され，アメリカでは（A　　　）という内戦を経て，国民国家の形成がすすめられた。日本でも1868年に（B　　　）がおき，これを経て明治政府が成立したが，不平士族による（C　　　）などの反乱がおきた。a 1870年代には国会や憲法を望む声は高まりをみせた。そして，憲法が発布されると中央集権的な国家が完成に向かった。一方，対外的には朝鮮や中国との新たな関係を模索したほか，b ロシアとの国境確定，欧米諸国との不平等条約改正などの課題に対応することとなった。c 特に不平等条約改正に向け，国家主導の文化や教育政策に力が入れられた。

問1　（　A　）〜（　C　）にあてはまる語句として正しいものを語群から選ぼう。

【語群】① 南北戦争　　② 明治維新　　③ 西南戦争　　④ 独立戦争　　⑤ 二月革命　　⑥ 明治六年の政変

問2　下線部aに関して，このような運動を何というか。[　　　　　　　　　]

問3　下線部bに関して，1875年にむすばれた条約の内容として正しいものを1つ選ぼう。
　　ア　小笠原諸島を日本領とした　　イ　樺太を日本領とした
　　ウ　沿海州を日本領とした　　エ　千島列島を日本領とした　　　[　　　]

問4　下線部cに関して，正しいものの組み合わせを1つ選ぼう。

ア　西洋由来の知識や価値観は文明とされた
イ　東洋由来の伝統的な価値観は文明とされた
ウ　1872年に学制が公布されると，各地に小学校が建設されたが，反対一揆がおこった
エ　1872年に学制が公布されると，各地に中学校が建設され，すぐに就学率が高まった

　　A　ア・ウ　　　B　ア・エ　　　C　イ・ウ　　　D　イ・エ　　　[　　　]

問5　下線部cに関して，右の資料はフランス人画家ビゴーによって描かれた風刺画である。これについて考えよう。

日本は1870年代を中心に欧化政策をおこない，その舞台として鹿鳴館が建設されました。そんな日本の様子をビゴーは風刺しました。たとえば，左上には「名磨行」（＝「（　A　　　）」の当て字）と書かれており，鏡に映った日本人は（　B　）に描かれています。極端な欧化政策は欧米人からみると（　B　）真似でしかなかったのです。

14 帝国主義の時代へ

確認しよう

帝国主義

◆1880年代，[①]主義を発展させた国々

・製品・余った[①]の輸出先を求める　→支配領域の拡大　→諸国間で対立・軍事的衝突

→植民地維持・獲得＝[②]とよばれる動き（＊のちの日本もその1つ）

・技術革新　→重工業を中心に[③]の展開……膨大な資金必要

→資金調達する銀行及び市場を支配する[④]の形成　→国の政策に影響力大

◆世界の深いむすびつき→[①]・商品・人間の移動増大→おくれた植民地支配は当然

アフリカの分割

◆19世紀なかば〈 ⑤ 〉・スタンリーの探検　→アフリカ大陸の状況判明

→イギリスや[⑥]，さらにドイツや[⑦]などが植民地分割

→20世紀初頭，[⑧]と[⑨]をのぞくアフリカ全体を支配下

◆イギリスは，ケープ植民地から[⑩]へすすむ

→ [⑪]支配をめぐり[⑫]（ブール人）と[⑪]戦争

  ┗ [⑬]やダイヤモンドを産出　　　　┗ オランダ系の白人

太平洋の分割

◆太平洋地域……イギリスは，[⑭]やニュージーランドの開拓をすすめる

……先住民抑圧　→フィジー諸島などを領有　→[⑥]やドイツも同様の動き

◆アメリカ……西部開拓をすすめて[⑮]の消滅　→植民地競争に参加

→1898年に[⑯]を併合，同年に，[⑰]（米西戦争）

→アメリカ勝利　→キューバを保護国化，[⑱]，グアム，プエルトリコ領有

用語を確認しよう

①イギリスがアフリカーナーとたたかって勝利した戦争は？　　　　　　　[　　　　　　]

②アメリカ合衆国が1898年に併合し，のちに最後の州となったのはどこ？　[　　　　　　]

資料を読みとろう

（1）この風刺画と資料を参考にして，下の文章の空
　欄①②にあてはまる語を答えよう。

　擬人化された[①]という形態の独
占企業が上院議員より大きく描かれ，この風刺画の
タイトルは[②]がよ
いと思われる。

資料　独占の形態
●カルテル　同種企業の連合　●トラスト　同種企業の合併
●コンツェルン　他業種の企業の統合

（2）同じテーマで描かれた2枚の絵A・Bについて，下の問いに答えよう。

①図版Aにある次の英単語の意味を調べよう。

　⑦　CIVILIZATION　［　　　　　］　　　　⑦BARBARISM　［　　　　　］

②2つの図版について述べた次の文のうち誤っているものを1つ選ぼう。

　⑦両方の絵はともにヨーロッパ勢力の正しさを表現しようとしている。

　⑦両方の絵は平和と戦争を表現した共通性のない絵である。

　⑦両方の絵にはともに未開が表現されている。　　　　　　　　　［　　　　］

（3）2枚の絵A・Bについて，下の問いに答えよう。

①白く抜いた部分にふさわしいのはだれか，選ぼう。

　⑦A　アメリカ大統領　B　セシル＝ローズ　　　⑦　A　アメリカ大統領　B　ビスマルク

　⑦A　セシル＝ローズ　B　アメリカ大統領　　　⑦　A　ビスマルク　　　B　アメリカ大統領

②両方の絵はともに□□□□政策を推進する欧米諸国を風刺している。□にあてはまる漢字を答えよう。

　　　　　　　　　　　　　　　　　　　　　　　　　　［　　①　　　　　　②　　　　　　］

セシル＝ローズの両足はアフリカのどの都市をふんでいるだろうか？　　　　　　　　　◀読み解きのツボ

下の文の空欄⑦〜⑦に適する都市名や語句を，A〜Hから選ぼう。

　彼は手に［　⑦　］をもち，左足で［　⑦　］，右足で［　⑦　］をふみ，［　⑦　］にアフリカを縦断している。

A：電線　　B：鎖　　C：タンジール　　D：カイロ　　E：ジブチ　　F：ケープタウン　G：東西　H：南北

　　　　　　　　　　　　　　　　　　　　　　　［　⑦　　　⑦　　　⑦　　　⑦　］

！トライ　帝国主義の政策が続くと，どのようなことがおこるだろうか。

下の［　］にあてはまらない語句に×をつけよう。

　国内では独占資本が形成されて国の政策にも影響を与え，対外的におこるのが［　植民地の人々

の抵抗・帝国主義間の競争・平和で豊かさを享受すること　］である。

MEMO

15 朝鮮をめぐる国際関係と日清戦争

確認しよう

壬午軍乱と甲申政変

◆1882年　朝鮮の首都漢城で〈　①　　　　　　〉政権に不満を募らせた兵士による反乱である［　②　　　　］発生。政府高官や日本公使館をおそう。

→清が介入して事態をおさめ［　③　　　　　　］としての政治的影響力を強めた

◆1884年　清からの自立・近代化をめざす急進開化派が［　④　　　　　］軍の協力のもとクーデタをおこす［　⑤　　　　　　　］発生

→クーデタは，清軍の介入で失敗

日清両国は条約をむすんで，今後の派兵はたがいに［　⑥　　　　　　　　］することを決定。

◆福沢諭吉が「［　⑦　　　　　　］」を発表

…日本は「未開野蛮」のアジアを脱して，「文明」の西洋とともに行動をするべき，と主張

→蔑視観をともなったアジア認識が国民の間にもひろがっていく

甲午農民戦争と日清戦争

◆1894年　万人の平等を説く宗教結社の［　⑧　　　　　　］を信仰する農民による反乱である［　⑨　　　　　］戦争発生

→朝鮮政府は［　⑩　　　］に軍隊の派遣を要請

日本は朝鮮国内の日本人保護を名目に軍隊を派遣

農民軍撤退後も撤兵せず駐留，朝鮮政府に内政改革を要求

◆日清戦争

7月23日　日本が朝鮮王宮襲撃　→朝鮮に親日政権を樹立

25日　日本が清の軍艦を襲撃　→清に宣戦布告…［　⑪　　　　　］戦争開戦

開戦当初の主戦場は朝鮮国内　→しだいに清の領域へ

11月　日本が遼東半島の旅順を占領

下関条約と台湾の征服

◆1895年4月　日本と清は［　⑫　　　　　］条約をむすんで講和

・条約の内容…・朝鮮の清からの［　⑬　　　　　］を承認する

・［　⑭　　　　　　　］半島・台湾・澎湖諸島の日本への割譲

・清から日本への賠償金，2億両の支払い

6月　台湾総督府の設置…台湾の植民地化

用語を確認しよう

①朝鮮の近代化をすすめる閔妃政権に対して1882年におこった反乱は？　　　　　　［　　　　　　　］

②甲申政変が失敗したのち，アジア諸国との連帯を絶ち「脱亜入欧」をめざす「脱亜論」を論じたのは？　　　　　　　　　　　　　　　　　　　　　　　　　　　　　　〈　　　　　　　〉

③日清戦争のきっかけとなった，朝鮮農民の反乱は？　　　　　　　　　　　　　　［　　　　　　　］

④日清戦争中に日本が占領し，下関条約で割譲が決まった旅順が位置する半島名は？

[　　　　　　　]

（1）左の資料に関する説明を完成させよう。

　この資料は1894年7月23日に，朝鮮の首都［　a　　　］にあった王宮（景福宮）を，［　b　　　］軍が攻撃し，占領した様子を描いている。画面中央の馬に乗っている人物は，朝鮮国王高宗の父〈　c　　　〉である。当時の朝鮮で政治の実権をにぎっていた閔妃によって失脚させられていた。日本は，閔妃と対立する〈　c　〉を利用して，親日政権を樹立するために王宮を襲撃した。

《失脚中》
大院君（王の父）
対立
《政治の実権》
閔妃（王妃）＝高宗（国王）

（2）次の資料に描かれているのは，下関条約で日本が領有することになった台湾での日本軍と台湾住民との戦いである。資料をみて問いに答えよう。

問1　手前に描かれているのは台湾住民と日本軍のどちらか。　　　　　　　　　　［　　　　　］

問2　台湾住民の服装や戦い方はどのように描かれているか。特徴を書きだそう。

［　　　　　　　　　　　　　　　　　　　　　］

問3　台湾にいた清の役人や地元の有力者が樹立した国家の名称は何か。　　　　［　　　　　国　］

問4　台湾の征服を含めた日清戦争では，資料に描かれた兵士以外にも戦地には多くの人が送り込まれた。戦場での物資運搬を担ったのはだれだったのか，教科書p.79の資料⑥から抜き出そう。

戦場での物資運搬を担ったのは［　　　　　　　　　　　　］であった。

 トライ　日本が朝鮮半島や遼東半島から遠く離れた台湾などの領有を主張したのは，なぜだろうか。

（地図：北京，奉天，天津，大連，旅順，平壌，威海衛，青島，漢城，南京，全州，釜山，下関，広島，佐世保，上海，福州，台北　0　300km）

ヒント1．朝鮮・遼東半島・台湾の位置を教科書p.79の資料❸をみて，左の地図に書き加えよう。

ヒント2．日清戦争後に日本が勢力範囲とした地域を教科書p.81の資料❸をみて地図に書き加えよう。

こたえ．日本が朝鮮半島や遼東半島から遠く離れた台湾などの領有を主張した理由は，

MEMO

47

16 日清戦争後の東アジア

確認しよう

国民の形成

◆日清戦争…地域社会の人々も［　①　　　　　　］の伝える情報によって戦争を体験

→人々は，日本を［　②　　　　　］とみなし，その［　③　　　　　］としての自覚をもちはじめる

三国干渉と加速する中国分割

◆三国干渉…日本に警戒感を強めた［　④　　　　　　］・ドイツ・フランスは［　⑤　　　　　］半島の返還を日本へ要求　→日本は要求に応じて［　⑥　　　　］へ返還

◆中国分割…清は，日本に対する巨額の賠償のための資金調達に苦しむ

→列強からの借金と引きかえに，利権を提供　⇒列強による中国分割がすすむ

王朝の自己改革

◆清の改革

改革派が立憲君主制に改めて近代化を推進することを主張

→〈　⑦　　　　　　　〉ら保守派の反対で失敗

◆朝鮮の改革

日清戦争後，日本の介入を拒否しロシアに接近する勢力の台頭

・1895年10月，日本公使が朝鮮の王妃〈　⑧　　　　　〉を殺害

→反日感情が高まり［　⑨　　　　　］運動が全国へひろがる

→朝鮮国王の高宗はロシア公使館に避難　⇒1897年，［　⑩　　　　　　　　］の成立

義和団戦争

◆列強の中国侵略　→土地を失い，生活が破壊された中国の人々による反発が各地で発生

◆義和団戦争の発生（1900年）

・農民の自衛組織だった［　⑪　　　　　　　　］が排外運動をおこし，1900年北京の外国公使館を包囲

→清の保守派は，義和団の排外運動を利用して列強に対抗するため，各国に宣戦布告

→各国は在留外国人保護を名目に共同出兵

→日本とロシアを主力とする8か国連合軍が［　⑫　　　　　　　］を占領…清の敗北

◆清と列強が［　⑬　　　　　　　　］をむすぶ（1901年）

・清は各国へ巨額の賠償金を支払う

・外国軍隊の［　⑭　　　　　　　］を認める

⇒外国に対する従属はさらに強まった。

用語を確認しよう

①ロシア・ドイツ・フランスが遼東半島の返還を日本へ要求した出来事は？　　　［　　　　　　　］

②1897年に朝鮮の国号を大韓帝国に改め，皇帝となった人物は？　　　　　　　〈　　　　　　　〉

③1900年に北京の外国公使館を包囲した団体は？　　　　　　　　　　　　　　　［　　　　　　　］

④③による戦争に出兵した8か国のうち主力となった国は日本とどこ？　　　　　［　　　　　　　］

（1）教科書p.80の**1**をみて，次の会話文を完成させよう。

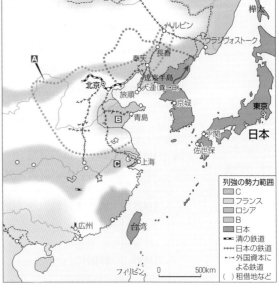

先　　生：絵の動物は伝染病のコレラを表しています。下痢
　　　　　と脱水症状で大勢の人が亡くなりました。

ひろきさん：医者と警官で退治に成功しているようです。

先　　生：彼らは「文明」の象徴として描かれています。「文
　　　　　明」に退治されたコレラはどこへ行くの？

す　ずさん：[　①　　　　　　]へ行こうとしているようです。

先　　生：どうしてだと思う？　コレラがねらっているのは
　　　　　どんな人たちかな？

ひろきさん：[　②　　　　　　　　]人々です。[　①　]は[　②　]国だからコレラも暴れられるという意味ですか。

先　　生：そのようにも読みとれますね。実際に，日清戦争は文明と[　③　　　　　]との戦いとして理解されまし
　　　　　た。その勝利によって人々はアジアに対する優越感や蔑視観をいだくようになりました。

（2）教科書p.81の**3**の地図をみて，①〜④の問いに答えよう。

①　地図上の線**A**は何を示しているか選ぼう。

（ア）日本の勢力範囲　　　　（ウ）義和団の反乱範囲

（イ）南満州鉄道　　　　　　（エ）清国の国境

[　　　　　]

②　**B**・**C**はどの国の勢力範囲か選ぼう。

イギリス・フランス・ロシア・ドイツ・日本

B [　　　　　]　C [　　　　　]

③　三国干渉後，遼東半島はどの国の勢力範囲になったのか
答えよう。　　　　　　　　　　[　　　　　]

④　③の国は，教科書p.81の**4**に描かれた次のア〜エのうち
のどれにあたるか選ぼう。　　　[　　　　　]

ア　イ　ウ　エ

！トライ　義和団戦争における日本の対応は，その後の中国や朝鮮との関係にどのような影響を与えたのか。

ヒント1．義和団戦争における日本の対応…[　欧米列強　・　中国　]の側に味方する対応

ヒント2．欧米列強の姿勢：アジアへ帝国主義的進出　⇔　中国の姿勢：欧米列強の侵略に抵抗

MEMO

答え：

17 日露戦争と東アジアの変動

確認しよう

日露戦争

◆義和団戦争後　ロシア　中国東北地域から撤兵せず，華北や朝鮮への進出をはかる⇔日本

　→1902年　イギリスと[　①　　　　　　　]をむすぶ　→1904年　日露戦争　→日本優位

　→1905年ポーツマス条約締結……アメリカ大統領〈　②　　　　　　　　　　　〉仲介

　[理由]　日本……戦争の長期化に耐える国力がない　ロシア……革命運動

　[内容]「大韓帝国(韓国)への監督権，遼東半島の[　③　　　　　]権

　　　　　東清鉄道の長春・旅順間(のちの[　④　　　　　　　])の経営権

　　　　　[　⑤　　　　　](サハリン)南部の領有権

　→その後，4次にわたる日露協約をむすぶ

◆日露戦争における日本の勝利

　・帝国主義国どうしのたたかい＋アジア諸地域の民族運動に影響

　・賠償金なし　→民衆による講和反対の暴動……[　⑥　　　　　]事件

朝鮮の義兵運動と韓国併合

	日本の大韓帝国(韓国)への動き
1904	第1次日韓協約 ……日本の財政・外交顧問の設置
1905	第2次日韓協約 ……日露戦争後，韓国の外交権を奪い保護国化
1906	韓国に[　⑦　　　]府を設置
1907	第3次日韓協約 [　⑦　]による内政権掌握，韓国の軍隊解散
1910	韓国併合条約 ……[　⑧　　　　]府の設置

反日武装勢力の抵抗
……[　⑨　　　　]

1907　皇帝高宗がオランダの[　⑩　　　]での万国平和会議に密使派遣
→無視される

1909　安重根が初代[　⑦　]伊藤博文を暗殺

辛亥革命

◆清の政治改革……科挙の廃止(義和団戦争後)，憲法大綱の発布，国会開設の公約

⇔清打倒の革命運動……1905〈　⑪　　　〉が東京で[　⑫　　　　　]を結成

　　　　　　　└→ 三民主義(民族の独立・民権の伸長・民生の安定)をかかげる

◆1911年　武昌で軍隊が蜂起して革命政権が誕生し，各省にひろがる……[　⑬　　　　]

　→1912年　[　⑪　]を臨時大総統とする[　⑭　　　　　]の成立

◆袁世凱が宣統帝(溥儀)の退位と共和政の維持を条件に[　⑪　]にかわり臨時大総統に→独裁

　└→ 清の軍隊の実権を握る　　　　　　　軍事指導者による地方政権←┐

　→帝政復活の動き(1915)　→国内外の反対で断念　→病死(1916)　→[　⑮　　　]の抗争

①韓国併合により，日本が支配するために設置された行政機関は？ [   ]

②孫文にかわり中華民国の臨時大総統になった清の実力者は？ 〈   〉

資料を読みとろう

（1）この2枚の絵について，下の文章①②にあては
まる語を㋐〜㋒から選ぼう。

左の絵は，日本からみて日英同盟が［ ① ㋐日本
優位 ・ ㋑イギリス優位 ・ ㋒対等 ］の立場で
えがかれている。しかし，右の絵は，外国からみて，日英同盟が日露戦争で［ ② 　　　　　］にすぎないと風刺されてい
る。

　　㋐日本がイギリスと一緒にロシアと戦うための同盟

　　㋑日本がイギリスやアメリカとともにロシアと戦うための同盟

　　㋒日本がイギリスのかわりにロシアと戦うための同盟

（2）右の史料について，①〜②の問いに答えよう。

　①史料の空欄部にあてはまる語を選ぼう。

　　㋐生き　　㋑戦ひ　　㋒死に 　　　　　[   ]

　②史料中の「人」とは，具体的にどこの国の人をさし
ているだろうか。

　　㋐日本　　㋑中華民国　　㋒ロシア 　　[   ]

（3）下の地図について，①〜③の問いに答えよう。

　①1911年に，軍隊が蜂起して革命政権が誕生して辛亥
革命のきっかけになった場所に○をつけよう。

　②孫文が東京で革命勢力を結集してつくりあげた組織
の名を漢字で答えよう。 　　　　　[   ]

　③孫文にかわり，臨時大総統についた人物を漢字で答
えよう。 　　　　　〈   〉

あゝをとうとよ君を泣く
君　□　たまふことなかれ
末に生まれし君なれば
親のなさけはまさりしも
親は刃をにぎらせて
人を殺せとをしへしや
人を殺して死ねよとて
二十四までを
そだてしや

トライ

日清戦争と日露戦争は，朝鮮にそれぞれのような影響や変化を与えただろうか。

下の空欄部①②にあてはまる表現を，下から選ぼう。

| 日清戦争後，朝鮮は［ ① 　　　　　　］ようになり，日露戦争後［ ② 　　　　　　］ようになった。 |

㋐中国の支配から脱する　　　㋑日本の支配から脱する　　　㋒ロシアの影響から脱する

㋓中国の支配を受ける　　　㋔日本の支配を受ける　　　㋕ロシアの影響を受ける

MEMO

51

18 日本の産業革命

確認しよう

産業の発展と農村の変容

◆日清戦争　→製造業を中心とする産業の発展をうながす

・貨幣価値の安定と貿易の振興をめざして[　①　　　　　　]を採用

・綿[　②　　　　　]業では大阪紡績会社を模範とする大紡績工場の設立があいつぐ

　　→中国・朝鮮などに輸出。1897年に綿糸の輸出国に転換

・繭から生糸をつくる[　③　　　　　]業は最大の輸出産業として発展

・賠償金の一部をあてて，九州に大規模な[　④　　　　　　　　]を建設

　　原料(鉄鉱石)…清などから安く輸入，燃料(石炭)…福岡県の筑豊炭田から

　⇒銀行・商社・鉱山など他業種を経営する[　⑤　　　　]の誕生

　　…三井・[　⑥　　　　　]・住友・安田の四大財閥が日本経済の中心的存在となる

◆農村の変容

1900年前後には農家の約４割が[　⑦　　　　　]地となる。

⇒地主が耕作をおこなわず高額の[　⑦　]料と作物の販売権を得る

[　⑧　　　　　　]制のひろがり

```
        市場
現金収入 ↓  ↑ 農作物
        寄生地主
              ↑ 小作料
土地貸与 ↓      (農作物)
        小作農
```

都市と農村の社会問題

◆都市の社会問題

産業革命による大都市への移住増加　→十分な収入を得られなかった人々がスラムを形成

◆農村の疲弊

日露戦争後，[　⑨　　　　　]や若者の動員・戦死で農村が疲弊

→内務省は地方改良運動を提唱

社会運動の登場と大逆事件

◆労働運動・農民運動のひろがり

・1897年に労働者が団結して権利を求める組織をめざす[　⑩　　　　　　]の結成

・農村での[　⑪　　　　　]の発生

◆社会主義への関心の高まりと政府による抑圧

・1901年に初の社会主義政党として[　⑫　　　　　]党が結成されたが

[　⑬　　　　　]法にもとづいて２日後に解散

・1910年に社会主義者数百名が，明治天皇の暗殺を企てたとして検挙された

[　⑭　　　　]

→検挙されたうち24人に死刑判決。幸徳秋水ら12人に死刑が執行されたが，えん罪だった

用語を確認しよう

①日清戦争の賠償金の一部をあてて九州に建設された官営工場は？　　　　[　　　　　　　]

②三井・三菱など，多業種経営で日本経済の中心となった集団とは？　　　[　　　　　　　]

③日本初の社会主義政党として1901年に結成されたのは？　　　　　　　　[　　　　　　　]

④幸徳秋水ら社会主義者がえん罪によって死刑執行された事件は？　　　　[　　　　　　　]

（1）日本の主な輸出品だった生糸と綿糸について次のようにまとめました。適切な語を選び表と説明を完成させよう。

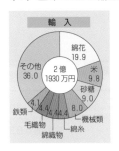

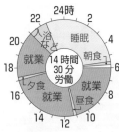

製品	生糸	綿糸
原料		
この糸をつくる産業	①[　紡績業・製糸業　]	②[　紡績業・製糸業　]
織物にすると	③[　絹・麻・木綿　]	④[　絹・麻・木綿　]

　日清戦争後の1897年，日本は綿糸の輸出量が輸入量を上回るようになった。輸入品の第1位は[　⑤　]であり，原料を輸入して日本で加工し，海外に輸出していたことがわかる。一方で，生糸の原料の[　⑥　]は国内の農村で生産され，養蚕は農家の重要な現金収入源だった。しかし，[　⑥　]の価格が暴落すると，借金に追われ土地を手放し小作農となる農民があいついだ。繊維産業を支えたのは，こうしたまずしい小作農家から出稼ぎに出された若い女性たちだった。教科書p.84の資料2にある「ある製糸女工の一日」では，1日の労働時間が[　⑦　]時間30分にのぼるなど，過酷な労働環境におかれた。

（2）教科書p.84資料4の炭鉱ではたらく子どもの様子について説明しよう。

　採掘された[　①　鉄鉱石・銅鉱・石炭　]は，様々な機械を動かす燃料として，産業革命に欠かせなかった。教科書p.38の資料3に掲載されているのは，世界で最初の産業革命がおこった国[　②　]の炭鉱ではたらく子どもの様子である。女性や子どもといった低賃金労働者の存在が産業革命を支えていた。

！トライ　産業の発展にともない拡大した社会問題の，現代の社会との共通点や相違点を考えよう。

1．日本の産業革命期の社会問題と現代の社会でおきる問題を比べ，関わりの深いものをつなげよう

【日本の産業革命期の社会問題】　　　　【現代の社会問題】

①足尾銅山鉱毒事件　　　　　・　　　　　・　非正規雇用の拡大

②子どもの労働　　　　　　　・　　　　　・　水質汚染

③長時間労働　　　　　　　　・　　　　　・　過労死

2．①〜③から1つ選び，日本の産業革命期と現代との共通点を考えよう

［　　　　　　　　　　　　　　　　　　　　　　　　　　　　　　　］

3．2でとりあげた事例について，現代との相違点を考えよう

［　　　　　　　　　　　　　　　　　　　　　　　　　　　　　　　］

MEMO

この編で学んだことをふりかえってみよう。→p.128

アクティブ4

読みとろう　考えよう　説明しよう

日清戦争・日露戦争とナショナリズム

教科書　p.88〜89

おさえておこう

● 1895年，日清戦争後，日本は（　①　　　　　　　）・澎湖諸島を獲得し植民地化した。……………………教科書p.79

● 1905年，日露戦争後のポーツマス条約によって（　②　　　　　）への監督権を得た。……………………教科書p.82

---

❶ 日露戦争が世界に与えた影響

〈日露戦争前後の国際関係〉

ステップ1　日露戦争前後，イギリス・ドイツ・フランス・ロシア・日本はそれぞれどんな同盟関係をむすんでいたのだろうか。

※空欄に国名をいれよう。

　　1902年，日本はロシアの南下を恐れるC国（　①　　　　　　　）と同盟をむすび，日露戦争に備えた。C国はまた，対立を深めていたD国（　②　　　　　）に対抗するために，1904年にA国（　③　　　　　　）と協商関係をきずき，日露戦後の1907年にはB国（　④　　　　　）とも協商関係をむすび三国協商が成立した。

〈フランスに支配されていたベトナムへの影響〉

ステップ2　なぜ日本はベトナム人留学生を，1907年以降取り締まったのだろうか。

※語句を選ぼう。

　　日露戦争後ファン＝ボイ＝チャウらの呼びかけでベトナム人留学生が日本で学んだ。しかし（　⑤　一等国　／　協商国　／　独立国　）という意識を持った日本は，アジアの国に対する（　⑥　蔑視観　／　尊敬の念　／　友好意識　）をもちはじめ，留学生を取り締まった。

〈イギリスに支配されていたインドへの影響〉

ステップ3　ネルーの発言が変化した理由を考えてみよう。

ヒント1 日本の勝利が他のアジア諸国へもたらしたもの。

　　アジアの一員である日本の勝利は，「アジア人のアジア」という（⑦　　　　　　　　　　）の意識を高めさせ，植民地支配下にあった国々へ（　⑧　　　）への希望を与えた。

ヒント2 日露戦争後，日本が朝鮮に対しておこなったこと。

　　日露戦争後，朝鮮から（　⑨　　　　　　）の影響力を排除した日本は，韓国の外交権をうばって保護国化し，1906年に統監府を設置した。さらに1910年には韓国（　⑩　　　　）を強行した。

※ヒントをもとにまとめよう。

> ネルーは日本の勝利が（　⑪　　　　　　　　　　　　　　）と考えていたが（　⑫
>
> 　　　　　　　　）という見方へ変化した。その理由は，日本が（　⑬
>
> 　　）からである。

日本　A　B

C

D

❷ 日清戦争・日露戦争と「一等国」意識

〈朝鮮から富士山をながめる加藤清正〉

　この資料は（　①　　　　）戦争直前に描かれた。馬に乗って
いるのは（　②　　　　）の家臣で，朝鮮侵略の際に朝鮮の
人々から恐れられた加藤清正である。清正がみている場所に富
士山が描かれていることから，そこが日本であることがわかる。
富士山には日本を（　③　　　　）する意味が込められていた。

〈一番高い山はどの山だろう〉

ステップ1　資料Aの唱歌（教科書p.89の「ふじ山」）がつくられた1911年当時，日本一高い山はどの山だ
　　　　　ったのだろか。それでも富士山を日本一としたのはなぜだろうか。

※教科書p.89の資料Bをみて，語句を答えよう。

　1911年当時，下関条約で獲得した台湾はすでに日本の一部になっていた。台湾にある（　④　　　　）山（１万３
千尺＝約3939メートル）が当時日本で一番高い山だった。富士山は高さでは台湾にある３つの山に及ばなかったが
「高くて（　⑤　　　　）山」として子どもたちには教えられた。

〈植民地でとりあげられる富士山〉

　右の資料は，1910年に設置された（　⑥　　　　　　）が発行した教科書で
ある。朝鮮語（国語）の授業で，子どもたちは教科書に書かれた富士山を学んだ。

ステップ2　日本政府は何のために，日本から遠く離れた植民地の朝鮮の
　　　　　子どもたちに富士山を教えようとしたのだろうか。

ヒント　日本を象徴する富士山を学んだ朝鮮の子どもたちは日本人としての意識を高めていった。
　　　　朝鮮の山ではなく，富士山について学ぶことで子どもたちはどんな意識を持っただろう
　　　　か。

※ヒントをもとに説明しよう。

朝鮮の子どもたちに富士山を教えた理由は
（　⑦　　　　　　　　　　　　　　　　　　　　　　　　　　　　　　）
ではないか。

　現在でも，富士山が話題にされたり，とりあげられたりする事例を探し，理由を考えてみよう。

ヒント　例）2013年に富士山が世界遺産に登録されたが，何遺産に，何を理由に登録されたのだろう。

富士山に関する話題・とりあげられた事例	理由

MEMO

教科書　p.72～91

1　右の写真をみて，各問いに答えよう。

[写真1]

問1　写真1の人物名を選ぼう。教科書p.77参照。

① セオドア＝ローズヴェルト　② セシル＝ローズ

③ ジョン＝ヘイ　　　　　　　④ ビスマルク

問2　写真1の人物と最も関係の深い植民地名と，その宗主国(支配した国)の
組み合わせを選ぼう。教科書p.46～77参照。

① 植民地：キューバ　　　－　宗主国：アメリカ

② 植民地：モロッコ　　　－　宗主国：フランス

③ 植民地：南アフリカ　　－　宗主国：イギリス

④ 植民地：フィリピン　　－　宗主国：スペイン

問1		問2	

2　次の各問いに答えよう。

[地図]

問1　朝鮮をめぐる出来事に関するa～eの文章について，古いものから
年代順に正しく配列されたものを①～④より1つ選ぼう。教科書
p.78～83参照。

a．国号を大韓帝国に改め，高宗は皇帝を称した。

b．日清戦争後，清は朝鮮の独立を認めた。

c．韓国併合により，朝鮮総督府が設置された。

d．日露戦争後，日本が韓国の監督権を得た。

e．甲午農民戦争がおこり，清が鎮圧のため出兵した。

① e→b→d→a→c　　② e→b→a→d→c

③ b→e→a→d→c　　④ c→b→e→a→d

問2　遼東半島の位置を地図上の①～④より選ぼう。教科書p.81参照。

問3　遼東半島に関して説明した文の(1)～(3)にあてはまる語句を答えよう。教科書p.79,80,82参照。

日本は日清戦争後の(　1　)条約によって遼東半島を獲得したが，ロシア・ドイツ・フランスによる(　2　)を
受けて，清への返還に応じた。日露戦争がはじまると，遼東半島の先端にある旅順・大連を占領し，戦後にむす
ばれた(　3　)条約によって遼東半島の租借権を得た。

問1		問2		
問3	(1)	(2)	(3)	

3 次の（1）～（3）の写真をみて，人物に関する説明として正しいものを①～⑥よりそれぞれ選ぼう。教科書 p.44,78,82参照。

（1）　　　（2）　　　（3）

① この人物は朝鮮の王妃で，日本にならった近代化政策をすすめようとしたが，壬午軍乱をまねいた。

② この人物は清朝の王妃で，辛亥革命によって退位させられた。

③ この人物はハワイ王国最後の女王で，ハワイ王国はのちにアメリカに併合された。

④ この人物はインドにあったムガル帝国の女王で，インドはのちにイギリスの植民地となった。

⑤ この人物は大逆事件に関わり，明治天皇の暗殺をくわだてたとして死刑を執行された。

⑥ この人物は日露戦争の際に「君死にたまふこと勿れ」と題する詩を発表し戦争を批判した。

（1）	（2）	（3）

4 A，B2つの文を読み，各問いに答えよう。

A：1880年代になると資本主義を発展させた国々は，製品の輸出先と原料の供給地を求めて支配領域を拡大させた。そのなかで植民地の維持や，さらなる獲得がはかられた。この動きは帝国主義とよばれた。日本でも，綿紡績業が発展すると，中国・朝鮮などに輸出をのばし，重工業部門では原料の鉄鉱石を清から安く輸入した。一方，日本国内では多業種を経営する三井・三菱などの（　1　）が資本を独占するようになった。日本で産業革命がおこるなかで①労働者がストライキをおこすなど，労働運動もひろがっていった。

B：帝国主義のもと，世界各地のむすびつきが深まるなかで，植民地の人々はおくれており，それを支配するのは当然であるとする認識がひろがっていった。日本でも福沢諭吉が「脱亜論」を発表し，日清戦争の勝利は，メディアを通じて文明の野蛮に対する勝利として理解された。

問1　Aの空欄（1）にあてはまる語句を答えよう。教科書p.84参照。

問2　下線部①の理由を説明しよう。教科書p.85参照。

問3　福沢諭吉が発表した「脱亜論」とはどのような考えか説明しよう。教科書p.78参照。

問1	（1）
問2	
問3	

19 第一次世界大戦

確認しよう

バルカン問題と大戦の勃発

◆三国協商…[　①　　　　　　・　　　　　・　　　　　]

　⇔三国同盟…[　②　　　　　　・　　　　　・　　　　　]

　→特にバルカン半島において，対立が先鋭化

　・ドイツ民族の支配力を強めようとする[　③　　　　　　　]主義

　　→オーストリアによる[　④　　　　　　　　　]の併合

　・スラヴ民族の支配力を強めようとする[　⑤　　　　　　　]主義

　　→バルカン半島のスラヴ系諸国による[　⑥　　　　　]同盟の結成

◆1914年6月　[　⑦　　　　　　　]事件

　…オーストリア皇位継承者夫妻が，ボスニア出身のセルビア系青年に暗殺される

　→オーストリアはドイツの支持を得てセルビアに宣戦布告

　　ドイツ，オーストリア側（同盟国）とロシア，イギリス，フランス側（協商国）に分かれる

　・日本は日英同盟を根拠に[　⑧　　　　　　]側で参戦

大戦の経過

◆西部戦線でも東部戦線でも勝敗の決着はつかず，戦争は長期化

　→参戦した国々の国民や物資が，戦争のために全面的に動員される[　⑨　　　　　　]の様相

　・各国では政府の役割が増大：軍需中心の産業統制，労働動員，食糧配給制などの実行

　・労働力不足を補うため，女性の職場進出促進　→大戦後に，[　⑩　　　　　　　　]権が実現へ

　・植民地の人々の協力⇒植民地の人々の間では[　⑪　　　　　　]が強まる

戦争の終結

◆1917年の戦況の変化

　・[　⑫　　　　　　　　　）の参戦　→大量の物資と人員をヨーロッパへ送り込み，戦局は協商国側に有利

　・ロシア革命によるソヴィエト政権の成立　→ドイツと単独講和をむすび，ロシアの戦線離脱

◆1918年…同盟国側で厭戦気分が拡大，オーストリアなどの同盟国は降伏・休戦

　・ドイツ革命の勃発　→皇帝〈　⑬　　　　　　　　　　〉の亡命

　→臨時政府は休戦条約に調印し，第一次世界大戦は終結

用語を確認しよう

①ロシアがおこなっていたバルカン半島におけるスラヴ民族の支配力を強める政策名は？

[　　　　　　　　　]

②参戦国の国民や物資が，全面的に動員される戦争の形態は？　　　[　　　　　]

③ドイツ革命で亡命したドイツ皇帝の名前は何？　　　　　〈　　　　　　〉

（1）2枚の模式図にあてはまる語句をいれ，図を完成させよう。2枚の図の記号は同一語句をさす。

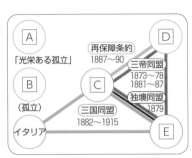

A　19世紀後半の国際関係

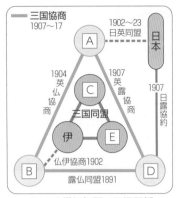

B　20世紀初頭の国際関係

A＿＿＿＿＿＿＿＿

B＿＿＿＿＿＿＿＿

C＿＿＿＿＿＿＿＿

D＿＿＿＿＿＿＿＿

E＿＿＿＿＿＿＿＿

（2）教科書p.99の表をもとに，次の会話文の空欄にあてはまる数字や言葉をいれてみよう。

すずさん　動員兵力に対する戦死者数の割合は[　a　連合国・同盟国　]の方が多く，ドイツやオーストリアの置かれた状況が厳しかったことがわかりますね。

ひろきさん　両陣営とも兵士だけでなく[　b　　　]も犠牲になっていますね。国全体が戦争に巻き込まれる，総力戦だったことがうかがえます。

先　　生　　戦費の欄をみてみましょう。両陣営の総額は当時の日本の国家予算の[　c　　　]年分に相当します。この莫大な戦費をどのように返済しようとしたのか，これからの授業で確認しましょう。

（3）ポスターから第一次世界大戦の性格を読みとろう。

空欄にあてはまる言葉をいれてみよう。

①

このポスターは1914年に[　a　　　]でつくられました。母親とその子どもたちと思われる3人が窓の外を行進する[　b　　　]をみつめています。ポスターに書かれた文は「[　a　]の女性たちはいうだろう。[　c　　　]。」と訳すことができるため，[　b　]募集をよびかけていると考えられます。

トライ　あなたは総力戦によってもたらされたもののうち，のちの時代に最も大きな影響を与えたものは何だと考えるか。

（1）キーフレーズとその後の影響が正しい組み合わせになるように線で結んでみよう。

MEMO

A　新兵器の開発　　　・　　・社会保障の充実（政府が一般の人々の生活を気にする）

B　政府の役割の増大・　　・植民地における独立運動の激化

C　女性の社会進出　・　　・死傷者数の増大と科学技術の発展

D　民族意識の高揚　・　　・選挙権の獲得など政治に参加する人々が増える

（2）あなたが考える，のちの時代にもっとも大きな影響を与えた事柄をA〜Dから選び，その理由も考えてみよう。

のちの時代にもっとも大きな影響を与えたと考えるのは[　　]です。

なぜなら，　　　　　　　　　　　　　　　　　　　　　　　からです。

ロシア革命とソ連の成立

確認しよう

ロシア革命

◆1905年 ロシア第一革命

　…[① 　　　　]戦争中にロシア全土へ拡大

　→多くの都市で[② 　　　　　　]が結成される

　→皇帝〈 ③ 　　　　　　　〉が憲法発布と国会開設を約束して革命は沈静化

◆1917年3月 [④ 　　　　]革命

　…首都ペトログラードの労働者によるデモ　→皇帝専制や戦争継続への反対運動

　→国会でも改革を求める動きが強まり，[③]は退位

　・皇帝退位後も，臨時政府は戦争継続

　⇔〈 ⑤ 　　　　　　　〉が率いていた[⑥ 　　　　　　　　]は戦争反対を主張

◆1917年11月 [⑦ 　　　　]革命

　…[⑥]による武装蜂起，臨時政府が倒され，世界初の社会主義政権が樹立

　→革命政権は，ドイツと[⑧ 　　　　　　　　　　　]条約をむすび，単独講和を達成。

　・反革命勢力との対立→革命軍(赤軍)を組織し，[⑨ 　　　　　　]主義とよばれる経済統制

　　をしく　　　　　　　　　　　　　　　↳ 農民の穀物を強制徴発

対ソ干渉戦争・シベリア出兵

◆ロシア革命に対する世界の反応

　…西部戦線の協商国側に大きな衝撃を与える　←東部戦線の消滅によるドイツ軍の攻撃激化

　・[⑩ 　　　　　　　　]…世界各国の共産主義政党を指導し，世界革命を推進する組織

　→各国はロシアにおける社会主義革命の影響を防ぐために，反革命勢力を支援

◆対ソ干渉戦争・シベリア出兵

　・イギリス，フランス，アメリカ，日本などがロシアへ共同出兵

　→日本は[⑪ 　　　　　　]へ軍を送り，沿海州からバイカル湖周辺に及ぶ広大な地域を占領

　　しかし，1920年になると反革命勢力は衰退し，各国も撤退　→日本は1922年に撤兵完了

1920年代のソ連

◆対ソ干渉戦争後の経済復興

　…強制徴発を改め，一部資本主義を認める[⑫ 　　　　　　　　　　]を導入。

　・1922年 [⑬ 　　　　　　　　　　　　　　]の結成。

　・1924年 レーニン死去　→権力闘争の結果，〈 ⑭ 　　　　　　　〉が独裁権力掌握

用語を確認しよう

①ロシア第一革命の際，労働者を指導するために多くの都市で結成された組織は？

　　　　　　　　　　　　　　　　　　　　　　　　　　　[　　　　　　　]

②1918年にドイツとの間でむすんだ講和条約は？　　　　[　　　　　　　]

③各国がおこなった対ソ干渉戦争の日本における呼称は？　　　　[　　　　　　　]

レーニンの四月テーゼ

一，……この政府の A 主義的性格のために，ロシアにとってのこの戦争は今なお無条件に略奪的な帝国主義戦争であって，…(中略)…譲歩することは許されない。

五，議会制共和国ではなく…(中略)…全国にわたる下から上までの B 代表ソヴェトの共和国。

六，すべての地主所有地の没収。
国内の全ての C ，土地の処理を地方の雇農・農民代表ソヴェトにゆだねること。

（1）右の史料の空欄にあてはまる語句を答えよう。

A＿＿＿＿＿　　B＿＿＿＿＿＿＿＿＿＿　　C＿＿＿＿＿＿＿＿

（2）左の写真のプラカードに書かれた人々の要求と史料の共通点について，すずさん，ひろきさん，先生の会話で，それぞれの発言の正誤について，正しい選択肢を選んでみよう。

ひろきさん：「プラカードには「世界に平和を」と書かれている一方，レーニンの提言では戦争の継続が訴えられていますね」

先生：　　「レーニンは国の代表はソヴェト（ソヴィエト）だと提言しているので，人々の要求とも合っています」

すずさん：　「人々は土地を要求していますが，レーニンは土地の国有化に言及している点で少し違いがあるように思われます」

　⑦　ひろきさんが誤っている　　④　先生が誤っている　　⑨　すずさんが誤っている　　④　全員正しい

[　　　]

！トライ　世界はロシア革命をどのように受けとめていたのだろうか。

（1）それぞれの立場の人はロシア革命をどのように受けとめたのか，正しいと思う方を選ぼう。

MEMO

> **A　ロシアの民衆**
> 革命政権が戦争を[　継続した・終わらせた　]のは良かったけれど，反革命勢力との争いの中で行われた[　戦時共産主義・新経済政策（ネップ）　]によって食べるものがなくなったのは大変でした。

> **B　協商国（イギリス・フランス・アメリカ）**
> 革命政権がドイツと講和をむすんだために，[　西部戦線・東部戦線　]にドイツ軍が増えてしまった。コミンテルンを通して[　経済復興・世界革命　]を推進しようとしている点にも警戒せねば。

> **C　日本**
> 革命政権と反革命勢力が争う中で[　朝鮮・シベリア　]における日本の権益を増やしてしまおう。

21 米騒動とデモクラシー

確認しよう

大戦景気と戦後恐慌

◆大戦景気…第一次世界大戦参戦による大戦中の[　①　景気の向上　／　深刻な不況　]

日本の参戦　→ヨーロッパ・アメリカ向けを中心とする大幅な[　②　　　　]超過

・造船業・鉄鋼業中心に重化学工業の発展

・国内では生活に必要な品物が不足し物価高騰

◆戦後恐慌…第一次世界大戦後の[　③　景気の向上　／　深刻な不況　]

・大戦終結後，輸出の減少による不況にみまわれる

・物価高騰による実質的な賃金低下によって人々は生活難となった

米騒動の勃発

◆大戦の最中，[　④　　　　　　　]出兵をみこした商人による米の買い占め　→米価の上昇

1918年7月　富山県の漁村の女性たちによる抗議が発生

→全国へひろがる（労働争議・小作争議にもつながる）

→政府は米騒動に参加した者を弾圧

⇒内閣打倒を求める強い批判がおこり〈　⑤　　　　　　　〉内閣は総辞職

本格的な政党内閣の成立

◆1918年9月　立憲政友会総裁の〈　⑥　　　　　〉を首相とする内閣発足

・外務大臣と軍部大臣以外を[　⑦　　　　　　]員らで構成する本格的な政党内閣

・四つの政策…教育制度の拡充，交通機関の整備，産業の育成，国防の充実

・普通選挙の実現には消極的

大正デモクラシーの思想

◆大正デモクラシー…民衆の意向を無視しては政治や社会はなりたたないという考え方

人物	主張・学説	説明
〈　⑧　　　　　　〉	[　⑨　　　　　]	主権は天皇，民衆の利益や幸福の実現こそ政治の役割
〈　⑩　　　　　　〉	[　⑪　　　　　]	主権は国家にあり，天皇は統治権を行使する国家の1つの機関である

◆小日本主義を唱えた〈　⑫　　　　　　　〉

大正デモクラシーが「内に立憲主義，外に[　⑬　　　　]主義」ともいわれるなか，[　⑬　]主義を否定し，植民地の放棄を主張した。

用語を確認しよう

①米騒動のきっかけは何をみこした米の売り惜しみ・買い占め？　　　　　　　[　　　　　　　]

②初の本格的な政党内閣の首相に就任した立憲政友会の総裁は？　　　　　　　〈　　　　　　〉

③大正デモクラシーのなか，民本主義を唱えたのは？　　　　　　　　　　　　〈　　　　　　〉

（1）教科書p.102の**1**「名古屋での米騒動」に関する会話を完成させよう。

先　　　生：どんな人たちが参加しているかな？

ひろきさん：[　①　　　　　　　　　]

すずさん　：ん？　米騒動は「富山の[　②　　　　]一揆」ではないんですか？

先　　　生：きっかけは漁村の女性たちだったけれど，全国にひろまるなかで労働争議や小作争議にもつながっていきました。

ひろきさん：社会に不満を持つ様々な人が参加したということか！

す　ずさん：だから政府も必死に弾圧するのですね。警察だけでなく，[　③　　　　　]まで鎮圧に来ています。

先　　　生：ところが，騒動は新聞を通じて全国へひろまっていった。新聞報道を禁じる弾圧もおこなったけれど，かえって政府への批判が高まり，ついに内閣は[　④　　　　　]に追い込まれました。

ひろきさん：民衆の運動が内閣[　④　　　]につながるなんて，これまでになかったことですよね。

先　　　生：大正デモクラシーを象徴する出来事の1つといえますね。

（2）右の資料は，第一次世界大戦後に急激に財をなした「成金」を描いている。

　①教科書p.102の**4**をみて，お手伝いらしき女性と成金らしき男性のせりふを書こう。

　　女性：「　　　　　　　　　　　　　　　　　　　　　　　　　　」

　　男性：「　　　　　　　　　　　　　　　　　　　　　　　　　　」

　②男性が持っているのは？　[　　　　　　　]円紙幣＊当時サラリーマンの月収は110円程度

（3）石橋湛山の主張「大日本主義の幻想」の要約を読み，①〜③について適当なものを選ぼう。

・日本が大日本主義を捨てることは我が国に不利をもたらさない
・朝鮮，台湾，樺太，満洲などの小さな土地を捨てることで，より広大な支那全体を友とするべき
・世界の弱小国全体を日本の支持者とする小日本主義の方が利益になるだろう。

①大日本主義とは？[　a　植民地を多く持ち支配域を拡大すること　／　b　植民地を放棄し小国となること　]

②石橋湛山がこの論を発表したころ，日本政府の方針は？　[　a　大日本主義　／　b　小日本主義　]

③支那とは現在の？　[　a　韓国　／　b　中国　／　c　東南アジア　]

！トライ　吉野の民本主義といまの民主主義との共通点や違いは何だろうか

ヒント：吉野の民本主義の整理

・主権を行使するにあたって[　①　　　　　]者は民衆の[　②　　　　　　　]と意向を重んじなければならない。

・主権者が[　③　　　　　]か[　④　　　　　]かは問わない…[　④　　　]主権でなくてもよい　→天皇主権を認める

いまの民主主義との共通点：

いまの民主主義との違い：

MEMO

ヴェルサイユ体制とワシントン体制

確認しよう

大戦後の国際秩序

◆西ヨーロッパにかわり，[　①　　　　　　　]とソ連が台頭

・植民地の民族運動の高まり←[　②　　　　　　]（民族の意志で国家運営をおこなうべきとする考え）の影響

・オーストリア，ロシア，オスマン帝国など多民族帝国の崩壊

→[　③　　　　　　]共和国をはじめ，中欧・東欧に新たな国家が成立

・大戦の甚大な被害→平和を求める動きへ（国際機関の設立，戦争反対の条約締結）

ヴェルサイユ体制

◆1919年1月[　④　　　　　]会議の開催

・アメリカ大統領〈　⑤　　　　　　〉が発表した十四か条の平和原則が会議の基礎とされる

└→秘密外交の廃止，海洋の自由など

→会議は，自国利益を優先するイギリス・フランスが主導…ドイツに全面的な責任を負わせる

◆1919年6月[　⑥　　　　　　]条約の締結…ドイツに過酷な内容

・すべての植民地を失い，本国の一部をフランスなどにゆずる・軍備の制限・巨額の賠償金

国際連盟

◆国際連盟の設立…[　⑦　　　　　　　]のしくみにもとづく新たな平和構築の動き

・中小国を含めた一国一票の原則

・他国への侵略行為など違反のあった国に対し，経済制裁を加える

・常任理事国を中心とした国際秩序…日本も常任理事国入り　⇔　一方で課題もあった

・[　⑧　　　　　　]の不参加，ドイツ・ソ連の除外…ドイツとソ連は後に加盟

・[　⑨　　　　　　]…統治を委任された国の事実上の植民地，日本は[　⑩　　　　　]を統治

ワシントン体制

◆1921〜22年　[　⑪　　　　　　]会議

・[　⑫　　　　　]条約（英・米・日・仏）…太平洋地域の現状維持，日英同盟の廃棄

・[　⑬　　　　　　]条約（英・米・日・仏・伊）…主力艦の保有トン数の制限

・[　⑭　　　　　]条約…中国の主権尊重，門戸開放，機会均等　日本は山東省の旧ドイツ権益を返還

→東アジアにおける日本の勢力伸長の抑制とアメリカの発言力増大が明らかに

用語を確認しよう

①パリ講和会議の基本となった十四か条の平和原則を発表したアメリカの大統領は？

〈　　　　　　　〉

②委任統治領のうち，日本が手に入れた旧ドイツ領は？　　　　　　[　　　　　]

③ワシントン会議でむすばれた中国の主権尊重を確認した条約は？　[　　　　　]

（1）次の地図にあてはまる第一次世界大戦後に独立した中欧・東欧の国名を答えよう。

A ＿＿＿＿＿＿＿＿

B ＿＿＿＿＿＿＿＿

C ＿＿＿＿＿＿＿＿

D ＿＿＿＿＿＿＿＿

（2）独立した国はもともと，どこの国の支配下であったか，書き出してみよう。

＿＿＿＿＿＿＿＿＿＿＿＿＿＿＿＿＿＿＿＿

ポスターの解説文にあてはまる語句をいれてみよう。  読み解きの ツボ

国際連盟を ［ a. ］ する集会への参加をよびかけるポスター

　ポスターの左側には ［ b. ］ を意味するVICTORYを冠する女性が描かれている。右側には，檻（おり）に入れられた ［ c. ］ を意味するWAR を冠する男性が描かれている。男性の服装は敗戦国の ［ d. ］ の軍人の恰好をしており，［ d ］ に全面的な責任を負わせたヴェルサイユ条約の見方があらわれている。檻の鍵は ［ e. ］ と書かれているが，鍵はかけられておらず，この組織が発足前であることが予想できる。

！ トライ あなたは，ドイツと世界がヴェルサイユ体制によってどのような方向にすすんだと考えるか。

次の資料を読み，以下の問いを考えてみよう。

MEMO

資料 ベルリンの工場主の日記（1919年5月8日）

　今日は，戦争最悪の日だ。ヴェルサイユの条件ときたら！　生きる喜びをすべて断念し，心臓が止まりそうだ。戦いに勝利した敵は「敗者に災いあれ」を残酷非道な形で通告してきたのだ。そのような平和が本当になるのかはまだわからない。…人道や正義についての美しい言葉はどこに行ったのか？　敵も我々もそれを承認して休戦協定を結んだウィルソンの ［ X ］ はどこへ行ったのだ。みんな嘘だったのか？　正義も信頼もすべて消え去ったのか？ …

（『ドイツ・フランス共通歴史教科書』）

（1）史料中の空欄Xにあてはまる言葉は？　＿＿＿＿＿＿＿＿＿＿＿＿＿＿

（2）史料から読みとれるドイツの人々のヴェルサイユ条約に対する感情をまとめてみよう。

23 アジアの民族運動

確認しよう

トルコ共和国の成立

◆オスマン帝国は，第一次世界大戦でドイツ側にたち敗戦国となる

・1920年　[　①　　　　　]条約で大幅な領土縮小　→協商国に分割

◆アンカラ新政府の樹立　←軍人〈　②　　　　　　　〉が率いる

・スルタン制を廃止，また，[　①　]条約を破棄し，新たに[　③　　　　]条約をむすぶ

→領土を回復し，首都をアンカラにおく[　④　　　　　]の成立

・〈　②　〉は「アタテュルク（トルコの父）」とよばれ，初代大統領に

→政教分離，文字改革，教育制度の整備など近代化改革を推進

インドの反英運動

◆国民会議派の民族運動

・インド人エリート層を中心とした[　⑤　　　　　]の発足

→当初は穏健な組織だったが，20世紀にはいるとイギリス支配に対する民族運動を主導

◆第一次世界大戦後の民族運動

・第一次世界大戦時，イギリスはインドに対し戦争協力と引き換えに戦後の自治を約束

→戦争が終わると，イギリスは約束を守らず，反英運動を弾圧⇔国民会議派はこれに抵抗

〈　⑥　　　　〉指導のもと，[　⑦　　　　　　]（サティヤーグラハ）運動を推進

・1929年の大会で，急進派のネルーらが主張する[　⑧　　　　　]の要求決議

三・一運動と五・四運動

◆1919年　朝鮮で[　⑨　　　]運動の勃発

・知識人らによる独立宣言書の発表　→学生や市民らがソウル市内で大規模な運動を展開

→朝鮮全土に拡大　←日本は軍を動員して弾圧，その後は言論・集会活動の制限緩和

◆1919年　中国で[　⑩　　　]運動の勃発

・中国はパリ講和会議で二十一か条要求の取り消しを求めるも，受け入れられず

→北京の学生が起こした抗議行動をきっかけに，抗議活動は中国の主要都市に波及

中国の国民革命

◆孫文は[　⑪　　　　]を組織し，北京の中央政府に対抗

→1924年，中国共産党との連携を実現…[　⑫　　　　　]

◆孫文の死後，後継者の〈　⑬　　　〉による中国統一をめざした北伐の開始

・共産党をクーデタで一掃，満洲の軍閥〈　⑭　　　〉を北京から追放し中国再統一を実現

┗共産党は長征をおこない，根拠地を延安へ移動，その間に〈　⑮　　　〉が党の実権にぎる

用語を確認しよう

①トルコ共和国の初代大統領となった軍人名は？　〈　　　　　　〉

②ガンディーがよびかけたイギリスへの抵抗運動は？　[　　　　　]

③1924年に孫文が実現した共産党との提携関係は？　[　　　　　]

次の2枚の写真をみて，これに関する説明文を完成させよう。

A の説明文
これは，人々に［ アラビア文字・ローマ字 ］を教えるムスタファ＝ケマルの写真です。彼は，［ 脱イスラーム・脱キリスト ］を目的に近代化改革を推進しました。

B の説明文
これは，［ 伝統的・近代的 ］な方法で糸を紡ぐガンディーの写真です。彼は［ イギリス・インド ］の製品の不買を人々に訴えました。

絵を読みとり，このような運動の背景になった動き・思想についてまとめてみよう。　　　　　　　　　読み解きの ツボ

以下の絵に関するすずさん，ひろきさん，先生の会話文を完成させよう。

ひろきさん：大勢の人々が行進しているね。横断幕の大学名から描かれた場所が中国の a と予測できるね。

先　　生：左ののぼりの文字もみてみよう。廃除 b と書いてあるね。人々の要求が読みとれます。

すずさん：中国の人々が抗議の声をあげたのは，ウィルソンも提唱した c が影響していると考えられます。

 トライ　東アジアの民族自決を求める動きに対して，日本はどうかかわるべきだっただろうか。

次の史料は日本人ジャーナリストの社説の現代語訳である。これを読んで，次の文の空欄に答えよう。

史料　青島は断じて領有すべからず（1914年11月『東洋経済新報』社説　石橋湛山著）
「アジア大陸に領土を拡張すべきではない」「満州もできるだけ早く放棄すべきである」というのは私の……持論である。……新たに中国の山東省の一角に領土を獲得するようなことは，……断じて反対せざるをえない。……日本の青島割取は，実に不抜の怨恨を中国人に与え，欧米列強には危険視され，……かえって形勢を切迫したものに導くものになるのである。

史料に出てくる青島は，後に日本が中国の袁世凱政権に出した［ 二十一か条・十四か条 ］でもその領有を要求した土地です。史料は，中国や欧米諸国から恨みや警戒感を買ってしまうという観点から日本の植民地領有に対して［ 賛成・反対 ］の立場をとっています。日本の植民地領有は［　　　　］をおこす危険性があることを指摘しているともいえます。

MEMO

アクティブ**5**
読みとろう　考えよう　説明しよう

民族資本の形成と影響
—インドの事例から考えよう—

教科書 p.108～109

おさえておこう

● 1877年，イギリスは（　①　）帝国を成立させ，インドを直接統治していた。………… 教科書p.52
● 19世紀後半，インド人のエリート層が中心となって（　②　）を結成した。………… 教科書p.106
● ガンディーは，（　③　）運動をおこし，イギリスの植民地支配に抵抗した。………… 教科書p.106

① 現代のインド経済から

ステップ1　現代のタタ財閥のおもな企業についてまとめた以下の文を完成させよう。

> タタ財閥のおもな企業の業種は【　軽工業・重工業　】中心である。

② 19世紀後半のインド経済

（1）教科書p.108をみて，グラフの品目にあてはまる語句を答えよう。

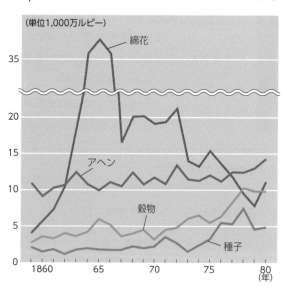

←1860～70年代の
インドの主要輸出品

ステップ12
1860年代～70年代におけるインドの主要輸出品目の動向とその背景について，次の会話文の【　】にあてはまる語句を選び，文を完成させよう。

すずさん：　グラフから【　1860年代前半・1870年代前半　】にインドからの綿花輸出が急増している様子がわかります。

ひろきさん：　この時期はアメリカの【　独立戦争・南北戦争　】の時期と重なりますね。アメリカの南部から綿花輸出がとだえたことが，インドの綿花輸出急増の背景にありそうです。

すずさん：　【　アヘン・香辛料　】の輸出は1860年代～70年代にかけて安定していますね。イギリスだけでなく，タタのようなインド人商人もアヘン貿易にたずさわっていたのは驚きました。

インド綿織物の輸出先

（1）資料中の綿花・綿布・綿糸はどこの国で生産されたものか，資料を読んで正しいものを選ぼう。

> 資料A 中国において(a)綿花は広く栽培されている。そして人々はその綿花を粗い強靭な布に織るが，この(b)綿布は，より見栄えはするがそれ程丈夫ではない外国の(c)機械製品よりも，農民や労働者たちの欲求にはるかによく適しているのである。
>
> 『データでみる中国近代史』

> 資料B 「(インドの機械製太糸の輸入急増の原因を)綿花に比して(d)綿糸の廉いことが，土布(自家用で織られた布)生産にとって，中国人の手紡によるよりも，より有利にしたからである。
>
> 『データでみる中国近代史』

(a)の綿花は【 中国・インド 】で栽培されたものをさし，(b)の綿布は【 中国・イギリス 】で生産されたもの，(c)の機械製品は【 中国・イギリス 】で生産されたものをさす。また，(d)の綿糸は【 中国・インド・イギリス 】で生産された糸のことをさしている。

ステップ1 イギリス製が中国で受けいれられず，インド製が受け入れられた点について表をまとめてみよう。

	イギリス製	インド製
デザイン(みばえ)	よい・よくない	よい・よくない
耐久性	よい・よくない	よい・よくない
価格	高い・安い	高い・安い

4 その後の民族資本

（1）教科書p.109の会話文を読み，数千人ものインドの人々がタタ鉄鋼会社設立のための資金を出した理由について，次の選択肢のなかからもっとも適当なものを選ぼう。　　　　　（　　　）

　①ウィルソンが提唱した民族自決に期待したから。

　②日露戦争で日本が勝利したから。

　③インド国民会議の大会で，スワデーシ(国産品愛用)の要求が採択されたから。

　④イギリスやフランスなどが対ソ干渉戦争をはじめたから。

> **！トライ** ほかの植民地の事例とどのような共通点・相違点があるだろうか。

ヒント 1920年代の中国の事例をあげてみよう。

MEMO

共通点	
相違点	

24 第一次世界大戦後の欧米諸国

MEMO

確認しよう

戦間期のヨーロッパ

◆1920年代のイギリス

・1918年　選挙法改正　→女性にも参政権を認める

・戦争に協力した白人主体の自治領は本国と対等な立場　→[　①　　　　　　　　]の形成

・アイルランド問題の進展　→1922年　自治領として[　②　　　　　　　　]の建国

⇔一方，インドなどの自治権拡大は認めず　→民族運動が活発となる

◆1920年代のフランス

・1923年　[　③　　　　　　]地方占領…賠償金支払いの遅れを理由に，鉱工業の中心を占領

→内外の批判をうけて，撤退

◆1920年代のイタリア

・大戦後の長引く不景気とソ連の成立　→社会主義勢力の台頭

⇔社会主義の拡大をおそれる中産階級や地主の支持を得て，[　④　　　　　　　]が台頭

→〈　⑤　　　　　　　　〉によるローマ進軍を経て，政権獲得へ

ヴァイマル共和国

◆ヴァイマル共和国の成立

・1919年　[　⑥　　　　　　　　]憲法の公布…男女平等の普通選挙権や社会権を保障

◆1920年代のドイツとヨーロッパの国際協調

・1923年　[　③　]占領に対する労働者の抵抗…生産活動の停止

→[　⑦　　　　　　　　]の激化　→〈　⑧　　　　　　　　　〉内閣による新紙幣発行

・1925年　[　⑨　　　　　　　]条約…独仏間の国境維持，ラインラント非武装化の確認

→1926年　ドイツは国際連盟に加盟

・1928年　[　⑩　　　　　　]条約…戦争による国境紛争の解決を否認

1920年代のアメリカ

◆永遠の繁栄

・第一次世界大戦を機に[　⑪　　　　国から　　　　国]へ

・工業の発展…大量生産された自動車や家電製品の普及　←ラジオなど広告の影響

・大衆の娯楽…映画，音楽，プロスポーツなどの発展

◆格差と差別

・1920年代は共和党政権続く　→[　⑫　　　　　　　　]の経済政策…大企業や富裕層を優遇

⇔アジア系・東欧・南欧系移民や黒人への差別・迫害

用語を確認しよう

①1922年にイギリス自治領としてアイルランドに成立した国は？　[　　　　　　　　　　　]

②1922年にローマ進軍をおこない，ファシスト党中心の政権を樹立した人物は？

〈　　　　　　　　　〉

③1925年にむすばれたヨーロッパ北西部の国境維持などを柱とした条約は？　[　　　　　　　]

（1）「ローマ進軍」とよばれた理由について， A の絵をみて気づいた点をあげてみよう。

着目点：人々の服装，ムッソリーニたちの様子

（2） B は古代ローマの円形闘技場で演説するムッソリーニの様子を描いたものである。なぜ，このような場所で演説したのか，その理由をまとめた以下の文を完成させよう。

ムッソリーニは，ファシスト党の支持者に対し，古代ローマ帝国の［　偉大さ・愚かさ　］を訴えて，イタリアに対する［　敵対心・愛国心　］を育もうとした。

子どもたちのもっている凧は何でできているのだろうか。

読み解きのツボ

以下の写真をみて，子どもたちの吹き出しの文章を完成させよう。

この凧は［　切手・紙幣　］でできているんだ。
えっ，もったいないって!?
［　インフレ・デフレ　］がすすみすぎて，凧を
つくった材料では飴玉も買えないよ！

トライ 1920年にあらわれた動きで，現代の社会に影響を与えたものは何だろうか。

（1）政治・経済・文化の各面における現代への影響が正しい組み合わせになるように線でむすんでみよう。なお，組み合わせは複数となる場合もある。

A　政治面　●　　　●映画，音楽，プロスポーツなど娯楽の普及
B　経済面　●　　　●男女平等の普通選挙権（女性参政権の獲得）
C　文化面　●　　　●ラジオなどを使った広告宣伝
　　　　　　　　　　●社会権の保障

（2）あなた1920年代にあらわれた政治・経済・文化の動きのうち，現代にもっとも影響を与えたのはどれだと考えますか？　理由も書いてみましょう。

のちの時代にもっとも大きな影響を与えたと考えるのは［　　　　　　］面の動きです。
なぜなら，＿＿＿＿＿＿＿＿＿＿＿＿＿＿＿＿＿＿＿＿＿＿＿＿からです。

MEMO

71

ひろがる社会運動と普通選挙の実現

確認しよう

社会運動のひろがり

◆社会運動の全国的組織の形成

　→米騒動後，社会運動の拡大

　・[① 　　　　　　　　　　　　](労働者の団体)や[② 　　　　　　　　　](農民の団体)

◆女性解放運動

　・〈 ③ 　　　　　　　 〉らが『青鞜』創刊　→女性としての自覚を促す

　→1920年 [④ 　　　　　　　]の設立…〈 ③ 〉や〈 ⑤ 　　　　　　 〉らが組織，男女の

　　機会平等求める　⇒こうした運動の結果，一定の範囲で女性の政治活動が認められる

◆被差別部落に対する差別撤廃

　・1922年 [⑥ 　　　　　　　]の設立…被差別部落に対する差別撤廃を求める

◆ロシア革命の影響

　・1922年　日本共産党の結成…日本における社会主義思想のひろがり

男性普通選挙と治安維持法

◆男性普通選挙の実現　←政党内閣と普通選挙を求める[⑦ 　　　　　　　　　　]が背景

　・1925年 [⑧ 　　　　　　]法の成立…[⑨ 　　　]歳以上の[⑩ 　　　　]に選挙権

　→日本国内に居住する植民地出身の男性にも法律適用，女性は選挙権の対象から除外

◆[⑪ 　　　　　　　]法の制定　→[⑧]法と同時に制定

　・国体の変革や私有財産制度を否認する結社やその参加者を処罰

　→普通選挙の実施にあたり，社会主義思想をもつ政党の台頭を防ぐ目的

協調外交と山東出兵

◆協調外交の推進　←ワシントン体制の容認，イギリス・アメリカとの協調

　・〈 ⑫ 　　　　　　　 〉外相のもと，日本の権益維持を目的に推進

◆山東出兵

　・蔣介石ひきいる中国国民党の北伐の開始

　　→〈 ⑬ 　　　　 〉内閣は対中国強硬策をとり，中国における日本の権益拡大をめざす

　・1927年　山東出兵…山東省在留の日本人保護を名目とする

　・1928年　〈 ⑭ 　　　　　 〉爆殺事件…旅順を拠点とする関東軍が主導

◆浜口内閣の協調外交

　・1930年　ロンドン海軍軍縮条約に調印

　　←野党や軍部は天皇の統帥権を侵すものと政府を攻撃[⑮ 　　　　　　]問題

用語を確認しよう

①雑誌『青鞜』を発刊し，市川房枝らと新婦人協会を組織した人物は？　　〈 　　　　　　 〉

②1925年に制定された普通選挙法ではどのような人に選挙権が与えられたか？

　　　　　　　　　　　　　　　　　　　　　　　　　　　　　[　　　　　　　　　　]

③1920年代～30年代初頭に日本の協調外交をになった外務大臣は？　　〈 　　　　　　 〉

（1）選挙に関わる2枚のポスターについての会話文を完成させよう。

す　ずさん：　A　のポスターにある普選は[　a　　　　　　　　]の略称ですね。ポスターに書かれている言葉から推測
　　　　すると，このポスターは政府が人々に対して[　b　　　　　　　　]をよびかけているようですね。

ひろきさん：いまでも『明るい選挙』なんていう標語があるけれど，　A　のポスターのころからかわらないんですね。

す　ずさん：　B　のポスターは立候補者が出したものですね。立候補した菊池寛は当時著名な作家でした。多彩な立
　　　　候補者の様子から選挙に対する人々の[　c　　　　　　　　]を感じることができます。

トライ 普通選挙法と治安維持法は，なぜ同時に制定されたのだろうか。

MEMO

史料　史料　治安維持法（1925年）
第一条　国体ヲ変革シ又ハ私有財産制度ヲ否認スルコトヲ目的トシテ結社ヲ組織シ又ハ情ヲ
知リテ之ニ加入シタル者ハ十年以下ノ懲役又ハ禁錮ニ処ス。

（1）史料にある「国体」と「私有財産制度ヲ否認」という言葉がさす内容を説明してみよう。

「国体」は，　a　　　　　　　，「私有財産制度ヲ否認」は，　b　　　　　のこ
とをさしています。

（2）政府は，普通選挙法の制定によってどのような事態がおこることを恐れたのか，説明してみ
よう。

普通選挙法で，　a　　　　　　　など財産をほとんどもたない人々も選挙権を得た。
政府は選挙権を得た人々が　b　　　主義をかかげる政党に投票して，日本に　b　主義
思想がひろがることを恐れた。そこで　b　主義思想などを取り締まるために普通選挙法と
同時に　c　　　　法を制定した。

アクティブ **6** 移動する人々

読みとろう　考えよう　説明しよう

教科書 p.116〜117

おさえておこう

● 日本は（　　①　　）講和会議で，南洋諸島を委任統治領として手に入れた。 ……………… 教科書p.104

● 南洋諸島はもともと（　　②　　）領だった地域である。 …………………………………………… 教科書p.104

● 米英仏日は太平洋の領土の現状維持を定めた（　　③　　）条約をむすんだ。 ………………… 教科書p.105

❶ なぜ南洋に移住したのだろうか

ステップ❶ 教科書p.104をみて，委任統治についてまとめた以下の文を完成させよう。

委任統治は，第一次世界大戦後，【　a　国際連合・国際連盟　】が委託する形で，【　b　旧ドイツ領・旧ロシア領　】や旧オスマン帝国領を列強各国が統治した形態をさす。【　c　戦勝国の領土分割・植民地の民族自決　】の機能をにない，事実上の植民地であったといえる。イギリスが統治した【　d　パレスティナ・インド　】など，のちの民族問題につながる地域もあった。

ワーク　南洋に移住した人々を整理してみよう。

左は南洋諸島の経済開発をおこなった会社の広告です。この広告から，右の写真で人々が刈りとっているのが【　a　竹・さとうきび　】だということがわかります。

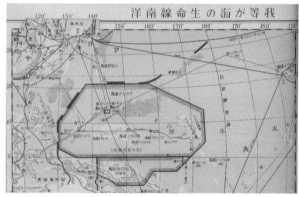

ステップ❷ 南洋に進出した目的についてそれぞれの立場から考えて，文を完成させよう。

政府：【　a　同盟国・支配地域　】を増やして，【　b　資源・核実験場　】を確保するため。

企業：【　c　新しい事業をおこすため・伝統産業を守るため　】

移住した人々：新しい土地なので，【　d　観光・仕事　】を求めたため。

② 移民はどこからきたのだろうか

（1）教科書p.117をみて、以下の表を完成させよう。

年	現地住民	日本人	日本人のうち朝鮮人	日本人のうち沖縄出身者
1915	43,120	220		
1920	48,787	【 ① 　　　】	278	
1923	49,090	5,203	82	2,391
1930	49,695	19,835	198	10,176
1940	51,106	【 ② 　　　】	3,463	【 ③ 　　　】
1941	51,089	90,072	5,824	53,206
1942	51,951	93,220	6,407	54,854

ステップ①② 表に関する次の会話文を完成させよう。

Aさん：表からは現地住民の増加人数以上に日本人が増加していることが読みとれます。
Bさん：特に、【　a　　　　】年から【　b　　　　】年にかけては、現地住民が1,500人程度しか増加しなかったのに対して、日本人は【　c　　】倍以上に増加しています。
Cさん：日本人の中で、【　d　　　】出身の人々が占める割合が高いですね。【　a　】年以降は、日本人の5割以上が【　d　】出身者で占められています。

③ 現地の人々をどのようにみていたのだろうか

ステップ① 教科書p.117の二つの資料についてまとめた文を完成させよう。

小学校の教科書に掲載されていた「トラック島便り」からは、日本が南洋諸島の人々に【　英語　・　日本語　】を教えるための学校を建設するなど、【　異文化を尊重する　・　日本への同化をすすめる　】政策をとっていたことがわかる。また、「酋長の娘」という歌の歌詞からは、首の祭りという実際にはない風習を記すなど、南洋諸島の人々に対する【　差別的な　・　対等な　】まなざしが感じとれる。

ステップ② **ステップ①**や教科書の記述をふまえて、南洋諸島の人々に対する当時の日本の見方について自分の言葉でまとめてみよう。

!トライ 日本人移民は、1945年の敗戦によってどうなったのだろうか。

ヒント 教科書p.134〜135、p.146〜147を参照してみよう。

MEMO

1 次の図版をみて，下の問いに答えよう。

A

B

C

D

問1　A〜Dの図版はそれぞれどこの国の出来事か，国名を答えよう。

問2　A〜Dの図版のうち，大衆(民衆)主導でおこった出来事ではないものを1つ選ぼう。

問1	A	B	C	D
問2				

2 次の文章を読んで，各問いに答えよう。

　a 1914年にはじまった第一次世界大戦は4年間続き，各国が国民や物資を全面的に動員する　b　となった。国民の生活が苦しくなったc ロシアでは革命がおこり，後に世界初の社会主義国が成立した。日本は，大戦中，　d　を根拠に協商国(連合国)側で参戦し，また，ロシア革命の混乱に乗じてe シベリアへ出兵した。

問1　下線部aに関して，大戦のきっかけとなったオーストリア皇位継承者夫妻の暗殺事件がおこった場所とその名称の組み合わせとして正しいものを次の①〜④から1つ選ぼう。
　　　①　ペトログラード－A　　②　ペトログラード－B
　　　③　サライェヴォ　－A　　④　サライェヴォ　－B

問2　空欄bにあてはまる語句を漢字3字で答えよう。

問3　下線部cについて，ボリシェヴィキの指導者で1917年11月の武装蜂起を経て権力を握った人物名を答えよう。

問4　空欄dにあてはまる語句を漢字4字で答えよう。

問5　下線部eについて，シベリア出兵前後の日本に関するA〜Cの文章について，古いものから年代順に正しく配列されたものを，次の①〜④のうちから1つ選ぼう。

　　A　ヨーロッパへの軍需品の輸出が好調で，海運業を中心に景気が向上した。
　　B　社会運動が展開され，新婦人協会や全国水平社が結成された。
　　C　米の安売りを求める運動が富山県での抗議をきっかけに全国に拡大した。
　　　①　A−B−C　　②　A−C−B　　③　B−A−C　　④　B−C−A

問1		問2		問3	
問4		問5			

3 次の文章を読んで，各問いに答えよう。

　第一次世界大戦終結後，パリで講和会議が開かれ，連合国側は a ドイツをはじめとした同盟国側とそれぞれ講和条約をむすんだ。また，会議ではアメリカ大統領 b の提案にもとづき，c 国際連盟の設立が取り決められた。以後，1920年代の大半において，d 欧米諸国や日本は国際協調を外交の基本軸とした。一方，大戦中に e 民族意識を高めたアジア・アフリカの植民地では，f 自治や独立を求める動きが活発になった。

問1　下線部 a について，ドイツが連合国とむすんだ条約名を答えよう。

問2　空欄 b に当てはまる人名を答えよう。

問3　下線部 c について，国際連盟に関する次の文章の空欄にあてはまる国名の組み合わせとして正しいものを次の①～④から１つ選ぼう。

国際連盟は，加盟国が連盟規約に反して戦争をおこした場合，他の加盟国が経済制裁を加える集団安全保障のしくみをとっていた。常任理事国には英仏伊の他に（　ア　）が加わる一方，（　イ　）は議会の反対で連盟に参加できなかった。

①　ア－ドイツ　イ－アメリカ　　②　ア－ドイツ　イ－ソ連
③　ア－日本　　イ－アメリカ　　④　ア－日本　　イ－ソ連

問4　下線部 d 1920年代の欧米諸国や日本の出来事でないものを次の①～④から１つ選ぼう。

①　フランスによるルール地方占領　　②　普通選挙法と治安維持法の成立
③　ブレスト＝リトフスク条約の締結　　④　ムッソリーニのファシスト党政権樹立

問5　下線部 e 各民族がそれぞれの意志で国家統治をすべきとする考え方を漢字４字で答えよう。

問6　下線部 f について，次の資料はアジアの独立運動で活躍した人物の写真とその解説文である。解説文中の空欄に当てはまる人名と語句の組み合わせとして正しいものを次の①～④から１つ選ぼう。

【解説文】
Aはトルコ共和国を建国した（　ア　），Bはインドの独立運動を指導した（　イ　）の写真です。（ア）は（　ウ　）を目的に近代化政策をすすめた一方，（イ）は本国の製品に対抗して，（　エ　）なチャルカ（糸車）を民族運動の象徴にしようとしました。

A 　B

①　ア：ムスタファ＝ケマル　イ：ネルー　　　ウ：脱ヨーロッパ　エ：先進的
②　ア：ムスタファ＝ケマル　イ：ガンディー　ウ：脱イスラーム　エ：伝統的
③　ア：ムッソリーニ　　　　イ：ネルー　　　ウ：脱ヨーロッパ　エ：伝統的
④　ア：ムッソリーニ　　　　イ：ガンディー　ウ：脱イスラーム　エ：先進的

問1		問2		問3	
問4		問5		問6	

26 世界恐慌と各国の対応

確認しよう

世界恐慌と日本への波及

◆世界経済の中心アメリカで[　①　　　　　　　]年に急激な景気の後退（恐慌）が発生

・アメリカ資金に依存するヨーロッパ諸国と植民地などに波及　→[　②　　　　　　]となる

・各国の工業生産低下，企業倒産増，失業者増，労働条件悪化など　→政治・社会の不安定化

　　→ファシズムの台頭をまねく条件に

◆日本に影響　→株価・農産物価格下落し[　③　　　　　]となる　→政治・社会の不安定化

ブロック経済

◆各国政府の対応…積極的な国際協力をおこなわず，自国本位の解決策追求

・イギリス　→本国と旧植民地のオーストラリアなどからなるゆるやかな連合（イギリス連邦）を核にスターリング＝ブロックとよばれる[　④　　　　　　]圏形成

　　→ブロック内では低関税など貿易を優遇，ブロック外との貿易には[　⑤　　　　　]を課す

・[　⑥　　　　　　]もフラン＝ブロック，アメリカもドル＝ブロックを形成

・日本も1931年の[　⑦　　　　　]後に円ブロックの構築をめざす

ニューディール

◆アメリカ大統領〈　⑧　　　　　　　　　　　　　　　〉（任1933〜45）

・経済に積極介入，経済再建　→[　⑨　　　　　　　　　]とよばれる一連の経済政策を実施

　左側にある当時制定された法律名や設立された公社名と，右側の説明を線でむすぼう

　　全国産業復興法（NIRA）　　　●　　　●失業者対策と地域総合開発を組みあわせる

　　農業調整法（AAA）　　　　　●　　　●労働者の団結権・団体交渉権を認める

　　ワグナー法　　　　　　　　●　　　●企業による生産・価格協定を認める

　　テネシー川流域開発公社（TVA）●　　　●農作物の生産を制限，価格引き上げをはかる

スターリン体制

◆ソ連では，レーニンの後継者〈　⑩　　　　　　　　　〉が，1928年から[　⑪

　　　]推進　→重化学工業化，農業集団化をめざす

・計画経済を採用，資本主義国との経済関係は少ない　→[　②　]の影響をあまり受けず

・農業集団化を強制　→反対する農民を弾圧　→農村混乱，農業生産停滞　→飢饉による犠牲者

・大規模粛清（1934年〜）　→多数の無実の民衆を含む反対派を処罰・処刑　→[　⑫　　　　　]体制確立

用語を確認しよう

①1929年にアメリカではじまり，世界に波及した深刻な景気後退は？　　　　[　　　　　　　　]

②イギリスなど各国政府が形成した，排他的な経済圏は？　　　　　　　　　[　　　　　　　　]

③積極的な経済介入で，景気回復をはかったアメリカ大統領は？

　　　　　　　　　　　　　　　　　　　　　　　　　　　　　　　　　　〈　　　　　　　　〉

④全国産業復興法，農業調整法など一連の経済政策の総称は？　　　　　　　[　　　　　　　　]

⑤第一次五か年計画を推進し，その後，独裁体制を確立したソ連の指導者は？〈　　　　　　　〉

左の写真の男性がつけているプラカードを読んでみよう。

●プラカードの内容

私は3つの[　　　　]を知っている（＝ができる）

私は3か国の[　　　　]ができる

3[　　　　]間，（第一次世界大戦で）たたかってきた

3[　　　　]がいる

そして3[　　　　]間，[　　　　]がない

しかし私の欲しいのはたった1つの[　　　　]なんだ

●このシャレのきいたプラカードから写真の男性がどのような人物か想像してみよう。

[
　
　
]

テーブルの右にいる作業服や背広を着た人は何をしているのだろう。　　　　　　　　　読み解きの（ツボ）

●右下の1920年代・30年代のアメリカ社会を描いた資料も参考にして考えてみよう。

[　　　　　　　　　　　　　　　　　　　　　]

では，勤労階級の方はどうであったか。すでに，失業者は600万以上に上っていた。工場における雇用者数は20％減少し，給与額も29％下がっていた。当時なお職にありついていたものでも，月給袋の中身がだんだんに少なくなり，銀行の預金が次第に減ってゆくのをみれば，将来どうなるかは容易に予見できることであった。目をつぶって見まいとしても，街には失業者が給食を受けるために列をなしているのを見ないわけにはゆかなかった。そして，自分自身，もう冬が近づいているのだと考えざるを得なかった。

イザベル・レイトン『アスピリン・エイジ』より

！トライ 1929年に世界恐慌がはじまり，1939年に第二次世界大戦がはじまった。あなたは，各国が実施したどのような経済政策が，世界大戦を招いたと考えるか。

教科書p.120の「ブロック経済」を参考にして，下のキーワードのなかから選んだ語句を使って，説明してみよう。

キーワード：「ブロック経済」「閉鎖的」「勢力圏」「高関税」

MEMO

[   ]

27 ファシズムの時代

MEMO

確認しよう

ファシズム

◆イタリアのムッソリーニが第一次世界大戦後に組織した[　①　　　　　　　]党にちなむ政治運動

・強力な指導者による[　②　　　　]政治により国家の危機の打破を主張

→国内の分断をもたらすとして[　③　　　　]主義や民主主義を否定，反対派を暴力で弾圧

一方，人々の生活へ一定の配慮…[　④　　　]の支持を得ようとする

ヒトラーの支配

◆ドイツ人の多くは，[⑤　　　　　　　　]条約は戦勝国が強制した不当な条約だと考えていた

・世界恐慌　→投資されていたアメリカ資本の引き上げ　→ドイツ経済に深刻な打撃，失業者激増

◆ナチ党(国民社会主義ドイツ労働者党)…[　⑤　]体制打倒を主張

・党首ヒトラーは武装蜂起失敗後，[　④　]へのはたらきかけと選挙を重視　→1932年に第一党に

・1933年に首相となったヒトラーは，[　⑥　　　　　　　]事件を口実に[　③　]党弾圧

これに続き政府に立法権をゆだねる[　⑦　　　　　　]法制定　→ナチ党の一党独裁体制

言論・出版の自由を抑圧，政治的反対派への弾圧，[　⑧　　　　　]人への迫害

ドイツ・イタリアの対外侵略

	ドイツ	イタリア
1933	ヒトラー首相就任　国際連盟脱退	
1935	再軍備宣言・徴兵制復活	エチオピア侵略
1936	ロカルノ条約破棄　[　⑨　　　　　　]進駐	エチオピア併合
	これらの動きに対して英仏は[　⑩　　　　]政策をとり，ドイツ・イタリアに譲歩を重ねる	
	[　⑪　　　　　　]内戦　→ドイツ・イタリアは右翼勢力・軍部を支持する〈　⑫　　　　　　〉将軍の側に立ち軍事介入　1939年に〈　⑫　〉将軍が勝利	
1937		国際連盟脱退
1938	[　⑬　　　　　　　　]を併合	
	チェコスロヴァキアに[　⑭　　　　　　]地方を要求　→独伊英仏による[　⑮　]会談　→英仏は[　⑩　]政策を続けドイツの要求を認める	
1939	チェコスロヴァキア解体　チェコ併合	

①国会議事堂放火事件を口実にして，ナチ党政府が弾圧した政党は？　　　　　　　　　　　[　　　　　　　　]

②立法権を政府にゆだねることでナチ党政府に独裁をゆるした法律は？　　　　　　　　[　　　　　　　　]

③ナチ党政府がロカルノ条約を破棄して軍隊を進駐させた地域は？　　　　　　　　[　　　　　　　　]

④スペイン内戦で反乱軍をひきいて人民戦線政府とたたかった将軍は？　　　　　　　〈　　　　　　　　〉

⑤ミュンヘン会談でズデーテン地方をドイツに割譲させられた国は？　　　　　　[　　　　　　　　]

左の図版は，ミュンヘン会談を題材とした風刺画である。

1　ミュンヘン会談はある国に対するドイツの領土要求を調停するため開催された。ある国とはどこだろう。

[　　　　　　　　]

2　この風刺画には会談によばれなかったスターリンが，独伊英仏首脳の様子をながめている様子が描かれている。この絵に描かれたスターリンの気持ちに，もっとも近いと思われるものを次の①～③のうちから1つ選ぼう。　　　　[　　　]

①　民主主義をかかげ，チェコスロヴァキアを守ろうとしている英仏への信頼感

②　反共主義をかかげる独伊を，ソ連へ対抗させようとして宥和政策をとる英仏への不信感

③　反共主義をかかげて独裁政治をおこない，領土拡大を実現している独伊への親近感

このような投票用紙までつくって，なぜ国民投票をおこなおうとしたのだろう。　　　　◀読み解きの ツボ

1　「あなたは1938年3月13日に制定されたオーストリアとドイツ国の再統一に賛成し，我々の指導者アドルフ＝ヒトラーの党へ賛成票を投じますか」という質問と，右の投票用紙について気づいたことを書いてみよう。

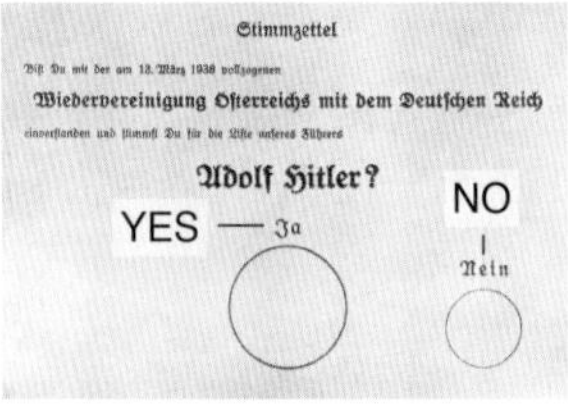

2　上の「読み解きのツボ」についてあなたが考えた答えにもっとも近いものを，次の①～③のうちから1つ選ぼう。

[　　　]

①　多数の国民がオーストリア併合とナチ党を支持していることを，国の内外に示そうと考えたから。

②　たとえ国民の多くが反対しても，オーストリアを併合するという意志を表明しようと考えたから。

③　公正な国民投票を通して国民の意見を聞き，オーストリア併合の参考にしようと考えたから。

⚠️ トライ　あなたが1930年代に生きていたドイツ人だったら，選挙でナチ党に投票しただろうか，投票しなかっただろうか。その理由は何か。

ヒント　教科書p.122の史料「中部ドイツ，ヘッセン州ケルレ村に住む山羊農家の証言」，本文「ヒトラーの支配」を参考にして考えてみよう。

MEMO

28 満洲事変と軍部の台頭

確認しよう

満洲事変と「満洲国」

◆日本の満洲への勢力拡大　→中国人による主権回復運動の高まり

・満洲鉄道などを守る [　①　] の危機感…日本の権益がおびやかされるのでは

・**政党やマスコミの宣伝…「満蒙（満洲とモンゴル）は日本の生命線」**

◆1931年，[　①　] が満洲鉄道を爆破（柳条湖事件）

・中国軍が爆破したとして主要都市を占領（[　②　]）　→〈　③　〉内閣は不拡大方針　→軍は戦線拡大　→1932年，上海でも戦闘（第1次 [　④　]）

・**マスコミは満洲・上海での戦闘を大々的に報道，国民の間に戦争支持ひろまる**

◆1932年，「満洲国」建国，清朝最後の皇帝〈　⑤　〉を執政に　→実態は [　①　] が支配

・国際連盟は [　⑥　] を派遣　→日本の軍事行動・満洲占領は不当

・国際連盟総会で満洲における中国の主権を認め，日本軍の撤収を求める勧告が採択される

　→**日本，国際連盟脱退　→柳条湖事件の真相も知らされなかった国民は国際連盟脱退を支持**

恐慌からの脱出

◆犬養内閣の蔵相〈　⑦　〉，1931年に [　⑧　] の輸出再禁止

・[　⑧　] と交換できなくなった円の価値下落　→輸出がのびる　→昭和恐慌からの回復へ

・軍事費の増大など　→重化学工業化進展　→原料・市場の確保が必要　→中国への進出拡大

・**新興財閥が成長，一方で失業，経済格差など社会問題が深刻化**

軍部の発言力の高まり

◆**財閥や政党への，軍人や民衆の不満の高まり　→軍部政権樹立をめざすクーデタ計画やテロ**

・海軍軍人らが〈　⑨　〉首相殺害…[　⑩　] 事件　→政党内閣終わる

・陸軍内の対立　→天皇中心の国家改造主張：皇道派と合法的な総力戦体制構築主張：[　⑪　]

・1936年，皇道派青年将校らのクーデタ，〈　⑦　〉らを殺害…[　⑫　] 事件

　→軍部大臣現役武官制が復活，軍部の政治的発言力いちだんと強化

> 五族とはだれのことだろう。また，どうしてこのようなポスターをつくったのかな。

　五族とは，漢・満洲・朝鮮・蒙古・日本族をさす。左端の漢族から順に，特徴的な笠子帽の [　　　] 族，辮髪の [　　　] 族，乗馬に適したズボンの [　　　] 族，日本族である。

ヒント　このポスターは1933～34年ごろのものと考えられる。満洲国に住む五族が肩を組む姿から，満洲国は日本の侵略によって建国されたという事実は伝わるだろうか。

用語を確認しよう

①満洲事変のきっかけとなった関東軍による満洲鉄道爆破事件は？ 　　　　　　　　　[　　　　　　　]

②満洲における日本の権益は認めながらも，満洲事変は日本の自衛行動でなく，満洲国独立は住民が主体的に求めた
　ものではないと結論した，国際連盟派遣の調査団は？ 　　　　　　　　　　　　　[　　　　　　　]

③陸軍青年将校が1936年におこした反乱は？ 　　　　　　　　　　　　　　　　[　　　　　　　]

資料を読みとろう

街頭風景にはどのような立場・職業の人々が描かれているだろうか？  読み解きの〈ツボ

この絵は風刺漫画雑誌『東京パック』1933年6月号に掲載された。この絵から昭和恐慌から脱出しはじめた当時の日本社会を読み解いてみよう。次の記述①〜④のうち，**不適当だと思われるもの**を選ぼう。

①モダンな服装に身を包む女性は職業をもっているのだろう。以前より女性の社会進出がすすんできたことが想像できる。

②左のコートの男性はサラリーマン，右の法被（はっぴ）を着た男性は職人だろう。彼らもゆたかな生活を送っていることがわかる。

③奥の車の人は資本家だろう。経済の復興と重工業化の進展のなか，富裕層はよりゆたかになったことを想像させる。

④右に軍人が描かれている。満洲事変以降，一層軍部の発言力が強まっていったことが背景にある。 　　　　（ 　　　）

兵士たちは，どのような理由で事件をおこしたのだろうか。  読み解きの〈ツボ

ヒント　事件を引きおこした将校・兵士の多くは農村出身者であった。①彼らの故郷はどのような状況だっただろう。教科書p.120を読んでみよう。②満洲事変以降の日本をとりまく国際情勢はどのようなものだっただろう。教科書p.126を読んでみよう。

!トライ　あなたは，国際連盟からの脱退や軍部の発言力の高まりに対して，なぜ民衆が支持をしたと考えるか。

ヒント　教科書本文に，この質問に対応した記述がいくつもある。
　　　前ページの「確認しよう」でも，ヒントになる部分をこの書体で示しているので参考にして考えてみよう。

MEMO

29 日中戦争と戦時体制

確認しよう

抗日運動の高まり

◆中国では，内戦停止と抗日を訴える共産党と，共産党への攻撃を続ける国民党が内戦

・国民党軍の〈　①　　　　　　〉は国民党指導者の蔣介石を監禁　→内戦停止，即時抗日を要求

→この出来事を[　②　　　　　]事件(1936)という

◆北京郊外で日中両国軍が武力衝突(1937)　→この出来事を[　③　　　　　]事件という

・この武力衝突が日中両国の全面戦争に発展…([　④　　　　　　])

・国民党と共産党は[　⑤　　　　　　　]を結成

日中戦争と中国社会

◆華中へ戦線拡大　→日本，[　⑥　　　　]を占領，多数の中国人を殺害([　⑥　]事件)

・「国民政府を対手とせず」との〈　⑦　　　　　〉首相の声明　→では，だれを相手に戦争終

結の交渉をおこなうのだろう？　→みずから戦争収拾の道をとざす

・蔣介石のひきいる国民政府は[　⑧　　　]に首都を移し抗戦継続　←アメリカなどの支援

・共産党　→華北農村部に拠点をおき，ゲリラ戦を展開して勢力拡大

・日本の支配は点と線(都市と鉄道沿線)，中国側の抵抗により戦争は長期化

→親日政権樹立…〈　⑨　　　　　〉に南京国民政府を樹立させたが，民衆の支持ひろがらず

戦時下の日本社会

◆戦争を支える社会のしくみをととのえていく

・勤労奉仕，共同作業，またメディアを活用した[　⑩　　　　　　　　　]を展開し人々

を戦争協力にかりたてる

・政府が議会の承認なく労働力・物資を統制できる[　⑪　　　　　　　]を制定(1938)

・一般国民を[　⑫　　　　　]により軍需工場へ動員できるようになる(1939)

のちには植民地朝鮮にも適用された

・軍需生産が優先され，日常生活品が不足　→米が配給制となる(1941)

・1940年に[　⑬　　　　]が発足し，政党や労働組合などが解散した

→のちに産業報国会，大日本婦人会，町内会，隣組などを傘下におさめ，戦争のために国民

を動員する役割をになう

用語を確認しよう

①西安事件で張学良に監禁され，内戦停止，即時抗日を求められた国民党の指導者は？

〈　　　　　〉

②日中戦争のきっかけとなった，日中両軍の武力衝突事件は？　　　　　[　　　　　]

③近衛文麿首相が発し，日中戦争の収拾の道をとざしてしまった声明の内容は？

[　　　　　]

④日本政府が議会の承認なく，労働力・物資を統制できるよう定めた法律は？

[　　　　　]

⑤1940年に発足し，戦争のために国民を動員する役割をはたした指導的な組織は？

[　　　　　]

人々は何を食べているのだろうか。

読み解きの ツボ

←代用食を食べる人々(1939年, 大阪府)

左の写真で人々が食べているものは何だろう？

[　　　　　　　　　]

人々は"おやつ"としてこれを食べているのだろうか？
写真の説明にある「代用食」とは何だろう？

[　　　　　　　　　]

人々に何とよびかけているのだろうか。

読み解きの ツボ

下のポスターを読み解きながら, 文章の空欄に適語をいれよう。

←防空法のポスター　1937年に制定された防空法では, 国民に防空の義務を課した。1941年の改正では, 国民学校初等科児童(にんどう)や妊婦(にんぷ)など以外は都市から退去(たいきょ)することが禁止された。

　　左のポスターには[　　　　　　]は「消せば　消せる」と書いてある。だから「退くな」「[　　　　　　]」「必死で消火」と国民に求めている。説明を読むと防空法で国民学校(小学校)の児童や妊婦以外は, [　　　]の危険のある都市から退去することを禁止されていた。都市にとどまり消火活動をせよ, ということだ。では, 焼夷弾とはどのようなものだったのだろう。下の資料を読み, しろうとが水で消火できるものか考えよう。

細長い筒状のM69(焼夷弾)は合計48個がひとまとめに束ねられて一発の爆弾となっている…長さ約51センチ, 直径7.6センチの各焼夷弾の筒にはナパーム(ゼリー状の油脂ガソリンとパーム油の混合物)が充填されている。…筒一本一本が空中でばらばらになるようになっており, 地上や建物の屋根に落下すると5秒以内にナパームに火がつく…屋根に投下された焼夷弾は, 瓦屋根を突き破って建物内部に落下して点火する。一旦点火すると, その熱で鋼鉄製の筒が吹き飛ばされ, 30メートル四方に火のついたナパームをまき散らし…消火は非常に難しい。

!
トライ　あなたは, 戦争への協力を求められたらどのような行動をとるか。

ヒント　もし, あなたが当時の人であったらどのような「戦争への協力」を求められただろう？
これに対して, あなたはどのような行動をとっただろう？

MEMO

アクティブ7 戦争と文化

読みとろう 考えよう 説明しよう

教科書 p.130〜131

おさえておこう

● 1937年の盧溝橋事件をきっかけに，（　①　　　　　）戦争が勃発した。 ………………………… 教科書p.128

● 1939年，ドイツ軍が（　②　　　　　　　）へ侵攻し，第二次世界大戦がはじまった。 ………………… 教科書p.132

● 1941年，日本軍はハワイの真珠湾に空襲をおこない，（　③　　　　　　　　）戦争がはじまった。… 教科書p.133

1 アメリカのアニメは人々に何を訴えたのか

ステップ 1 2 左のポスターについて話しあう，すずさんとひろきさんの会話文を完成させよう。

> ひろきさん： 左のポスターは1942年に【　a　アメリカ・ドイツ　】で製作されたアニメ映画の宣伝ポスターらしいよ。
>
> すずさん： タイトルは「狼の電撃戦」か…。【　b　赤ずきんちゃん・三匹の子ぶた　】が原作みたいだね。この狼，どこかでみたような顔をしているのだけど…。
>
> ひろきさん： ちょび髭やブーツ，肩のマークから【　c　ムッソリーニ・ヒトラー　】をモデルにしたと考えられますね。

①

防衛国債

②

終わり（アドルフの）

もしみなさんが国債か貯蓄印紙を買ってくれれば，この卑劣な者どもを大西洋の向こうに追い返すことができるでしょう。

ステップ 3 ①と②の英語訳をもとに，この映画が観客に訴えようとしたことを説明しよう。

> ①と②の英語訳から，アメリカがドイツに対抗するため，【　d　戦費・食料　】調達を目的にアメリカの国民に【　e　　　　　　】購入をよびかける映画だったことがわかる。

② 日本のアニメは人々に何を訴えたのか

ステップ① この映画の作成目的は何か，映画のシーンをもとに次の文を完成させよう。

昔話の【 a　かぐや姫・桃太郎 】を主人公にした映画で，国民の【 b　戦意高揚・知識啓発 】を目的とした映画だったと推測できる。しかし，公開された時期は【 c　日本本土が空襲されていた・真珠湾攻撃を実施した 】ころであり，実際の戦況からかけはなれた内容であった。

ステップ② アメリカの映画と比較して似ている点，違っている点をまとめた表を完成させよう。

	アメリカ映画	日本映画
似ている点	人々に親しみのある【　　　　】をもとに製作され，内容も【 子ども向け・幅広い年齢層向け 】だった	
ちがっている点	カラー映画	白黒映画
	戦争協力を【 具体的・抽象的 】に訴えている。	戦争協力を【 具体的・抽象的 】に訴えている。

③ 中国のアニメは人々に何を訴えたのか

ステップ①②
牛魔王が暗示するものについて，教科書p.131の史料をもとに考えてみよう。また，同じ白黒映画の日本のアニメと比べてその違いについて，文を完成させよう。

1941年当時の中国の状況を考えると，孫悟空の敵である牛魔王は【 アメリカ・日本 】を暗示したものであると考えられます。しかし，桃太郎のアニメと比べると，中国の映画は普通の昔話で描かれています。これは，【 アメリカの圧力・日本からの弾圧 】を恐れ，明確に訴えられなかったのでしょう。

!トライ これらのアニメは，どのような人々にみてもらうことを期待していたのだろうか。

アニメ映画は【 子どもだけ・子どもも大人も 】みにきたことで，多くの国民に【 戦争への協力・自国の技術力向上 】をよびかけることができた。

MEMO

第二次世界大戦の勃発

MEMO

確認しよう

ドイツの侵攻　ヨーロッパでの戦い

◆第二次世界大戦…1939年8月[　①　　　　　　　　　]締結

　　　　　　　1939年9月ドイツがポーランドに侵攻, ソ連もポーランド侵攻　→大戦勃発

・フランスがドイツに降伏(1940)　→北部はドイツが占領, 南部に親独のヴィシー政権成立

　イタリアがドイツ側に立って参戦　→[　②　　　　　　]同盟締結(1940)

　イギリス上陸をめざすドイツ空軍の空襲　→イギリスは猛爆撃をしのぎ, 上陸をはばむ

◆ドイツが[　①　]をやぶってソ連へ侵攻(1941.6 〜[　③　　　　　]はじまる)

◆米大統領ローズヴェルト, 英首相〈　④　　　　　　〉が[　⑤　　　　　　]発表(1941.8)

・戦後の国際秩序構想を示し, 連合国側の結束を強化…連合国対枢軸国の構図が明確に

アジア太平洋戦争

◆長期化する日中戦争　→ドイツとの連携を強化…[　②　]同盟の締結(1940)

・[　⑥　　　　　　　　　　　]北部へ日本軍が進駐　→[　⑦　　　　　　]の遮断, 資

　源獲得　→米英との対立決定的に…アメリカ, 鉄鋼・くず鉄の対日輸出制限

・日本, 日米関係打開のために対米交渉開始(1941.4 〜)

　北へそなえるため[　⑧　　　　　　　　]を締結して, [　⑥　]南部へ日本軍が進駐(7月)

　→アメリカ, 日本への[　⑨　　　　]輸出禁止

◆対米英戦争へ　→御前会議(9月)で, 日米交渉の期限を10月とし, 不調の場合の開戦を決定
　注)軍部と政府が開く大本営政府連絡会議などのうち天皇が臨席する会議を御前会議とよぶ

・近衛文麿首相が辞職し〈　⑩　　　　　　〉内閣が成立(10月)

・御前会議(11月)で, 12月初めの対米英開戦, 11月中は対米交渉継続を決定

・アメリカ, 日本の支配地域を満州事変以前に戻すことなどを要求する[　⑪　　　　　　]

　提示

　・御前会議(12月1日)で, 12月8日開戦を決定

◆対米英戦争開戦：12月8日　日本軍, イギリス領マレー半島上陸, ハワイの真珠湾を攻撃

　→[　⑫　　　　　　　]はじまる

戦争の展開

◆ヨーロッパでの戦い：[　③　]開始後, アメリカは[　⑬　　　　　　]で対ソ武器援助開始

・ドイツ　→スターリングラード包囲戦でソ連に敗れ(1943), 以後, ソ連の反撃がはじまる

◆アジア太平洋での戦い：日本は, 当初進撃を続け東南アジアと太平洋の島々に勢力拡大

・日本　→[　⑭　　　　　　]海戦(1942), 次いでガダルカナル島で敗北　→戦局不利に

用語を確認しよう

①第二次世界大戦直前にドイツがソ連と締結し, 多くの人を驚かせた条約は？[　　　　　　　　]

②日中戦争の戦局を打開するため, 援蒋ルート遮断などを目的に, 1940年に日本がおこなったことは？

　　　　　　　　　　　　　　　　　　　　　[　　　　　　　　　　　]

③1941年に日本が北方へのそなえとして締結した条約は？　　　　　[　　　　　　　]

ドイツは何をさけようとしたのかな。下右の地図も参考にして考えてみよう。

WONDER HOW LONG THE HONEYMOON WILL LAST?

枢軸側の最大進出線

凡例：
1939年の枢軸国
1941年までの枢軸参加国
中立国

| ヒント | 右の語を利用して説明してみよう。 | イギリス　フランス　ソ連　西部　東部 |

ワーク 日米開戦への動きを整理しよう。

教科書p.133の年表に関する次の文章の空欄に，下の①〜⑦より適当な語句を選び，番号で答えよう。

　1941年4月から日米交渉がおこなわれ，日本軍の中国撤退，満洲国の国家承認などが協議された。これらの問題は，いずれも1931年の[　　　]にさかのぼる。交渉と同時に，日米両国は交渉失敗にそなえて戦争準備もすすめた。日本では，7月の御前会議で対米英戦争覚悟で[　　　]への進出を決め，資源確保を目的に仏印[　　　]へ進駐し，アメリカの対日[　　　]禁輸をまねいた。11月の御前会議では日米交渉失敗の場合，12月初旬の対英米開戦を決定した。日米交渉は続いていたが，日本は11月26日に連合艦隊に出撃を命じた。日本の支配地域を満洲事変以前にもどすなどを求めた[　　　]が出されたのは（日本時間で）翌日であった。これを最後通告ととらえた日本は12月1日の御前会議で12月8日の開戦を決定した。

① 日中戦争　　② 満洲事変　　③ 東南アジア　　④ ハル＝ノート　　⑤ 石油　　⑥ 北部　　⑦ 南部

！トライ あなたは，日本がどの時点でどのようにすれば，国力に圧倒的な差があるアメリカとの開戦を避けることができたと考えるか。

| ヒント | 日米交渉の推移とともに，交渉が必要となった交渉開始前の歴史にも目を向けよう。 |

MEMO

31 第二次世界大戦の終結

確認しよう

「右」と指示された人はどうなったのかな。教科書の史料に加え，次の資料も参照して考えよう。

　次の方法は身長による選別である。地上に二本の杭を立て，120センチの高さに横棒を渡し，その下を歩かせるのである。頭や額が横棒に触れた子どもは労働可能とみなし収容所へ収監した。…この光景を目撃した元囚人の小児科医ベルトルド・エプスタイン教授は次のように証言している。「…その下を通り抜けた子どもらは全員ガス室へそのまま連行させられた。そのことを知った小さな子どもたちは，生き残れるグループに入れるように，懸命に首を伸ばしていた…」

[　　　　　　　　　　　]

枢軸国の支配

◆ドイツ支配下では[　①　　　　　]人だけでなく，ポーランド人やロシア人をも抑圧・殺害

・ポーランドの[　②　　　　　　　]強制収容所などで[　①　]人などを組織的に虐殺

・各地で反ファシズムの抵抗運動がひろがる

日本のアジア支配

◆日本の支配下の諸民族　→朝鮮・中国・東南アジア諸民族にも戦争への協力を強制，過酷な支配

・中国では日本軍総兵力の約7割が国民政府軍・共産党軍とたたかう　→日本軍は毒ガスや細菌兵器も使用

→ハルビン近郊の[　③　　　　]部隊では細菌戦の研究を実施

◆日本は[　④　　　　　　]の建設をスローガンにかかげた

→ベトナム，フィリピンなどで抗日組織結成，[　⑤　　　　　　　]の抗日運動　→華僑虐殺

ドイツ・イタリアの敗北

◆連合軍の反撃…1943年〜　東部戦線ではソ連軍が反撃

・イタリアの降伏(1943)，フランスの[　⑥　　　　　　　]に米英軍などが上陸(1944)

・1945年　[　⑦　　　　]会談　→ローズヴェルト(米)，チャーチル(英)，スターリン(ソ)がドイツの占領方針，ソ連の[⑧　　　　　　　]などで合意

・1945年5月　ベルリン陥落，ドイツ降伏

日本の敗北

◆本土空襲　1944年秋からグアム，テニアン，サイパンなどの基地から米軍による空襲

・1945年3月10日　[　⑨　　　　]大空襲…焼夷弾による無差別絨毯爆撃　10万人にのぼる犠牲

◆3月末から　住民を巻き込んだ地上戦が[　⑩　　　　]でたたかわれる

◆ドイツ降伏後の7月に米・英・中(国民政府)は[　⑪　　　　　　　]で無条件降伏を要求

・日本政府はこの宣言を「黙殺」と発表

→これを口実に米軍は8月6日に[　⑫　　　　]，9日に[　⑬　　　　]に原子爆弾を投下

8月8日にソ連が対日宣戦布告　→満洲・千島列島に侵攻

◆国体護持をめぐる議論のすえ，8月14日に[　⑪　]の受諾を表明

・8月15日　天皇がラジオ(玉音放送)で国民に敗戦告知　→9月2日　降伏文書調印

①アジア太平洋戦争で東南アジア各地を支配した日本がかかげたスローガンは？　　　　　[　　　　　　　]

②日本が植民地でおこなった，朝鮮での創氏改名などに代表される同化政策は？　　　　[　　　　　　]

③抗日運動に対して日本軍が華僑虐殺をおこなった東南アジアの都市は？　　　　　　　[　　　　　]

④米英中が日本の無条件降伏を求めて，1945年に出した宣言は？　　　　　　　　　　[　　　　　]

⑤広島，長崎それぞれに原爆が投下されたのはいつ？　　　[　　　　　　　　　　　　　　　　　]

資料を読みとろう

次の写真に関する問いに答えよう。　　　　　　　　　　　　　　　　　　　◀読み解きのツボ

右の写真は1945年2月に開催された米英ソ首脳会談の際に撮影された。この写真に関する次の問いに答えよう。

1　この首脳会談を次から選ぼう。
　・ミュンヘン会談　　　　　　　　　　　　[　　　　　　]
　・ヤルタ会談
　・ポツダム会談

2　写真中①～③の人物についての次の説明の空欄に適当な国名を記入し，それぞれの人名を答えよう。

　①の人物は，[　　　　　　]の首相である　　　〈　　　　　　　　〉
　②の人物は，[　　　　　　]の大統領である　　〈　　　　　　　　　　〉
　③の人物は，[　　　　　]の最高指導者である　〈　　　　　　　〉

3　この首脳会談で取り決められたこととして**不適当なもの**を次から1つ選ぼう。

　[　ドイツの占領方針　・　日本への原爆投下　・　ドイツ降伏後のソ連の対日参戦　]

トライ　あなたは，現在もひきおこされている戦時下での人権侵害をふせぐために，第二次世界大戦下での一般住民に対する人権侵害から何を学ぶべきだと考えるか。

1　第二次世界大戦下の一般住民に対する人権侵害として，どのような事例があっただろうか。

MEMO

2　現在の民族紛争や戦争のもとで，一般住民に対してどのような人権侵害が発生しているだろうか。

3　1・2をふまえて，第二次世界大戦下での一般住民に対する人権侵害から何を学んだらよいだろうか。

32 国際連合の成立と冷戦

確認しよう

国際連合の成立

◆大西洋憲章で示された戦後の国際秩序構想に向けて

→1944年の[　①　　　　　　　　　　　　　　]会議で国際連合憲章原案作成

→1945年の[　②　　　　　　　　　　　　]会議で国際連合憲章採択　→国際連合発足

・平和・安全の維持を目的とする[　③　　　　　　　　　]に大きな権限

しかしソ連やアメリカなどの常任理事国が拒否権を行使し，その機能を妨げる例も多かった

冷戦の始まり

◆冷戦　→戦後，急成長したソ連中心の社会(共産)主義圏と，アメリカ中心の資本主義圏の対立

・1947年，社会主義圏の拡大を防止する[　④　　　　　　　　　　　]を，

続いてヨーロッパへの経済援助計画である[⑤　　　　　　　　　]を発表

→これらを共産主義に対する「[⑥　　　　　　]」政策とよぶ

・ソ連は各国の共産党の間の連絡・調整機関として[　⑦　　　　　　　　]を設立

ヨーロッパにおける冷戦

◆東ヨーロッパ(東欧)諸国　→ソ連がドイツの支配から解放　→戦後，社会(共産)主義国化

◆ドイツの分裂　→戦後，ドイツは英米仏ソにより分割占領される

→冷戦が深刻化する中で1948〜49年の[　⑧　　　　　]封鎖を経て，

→ドイツ連邦共和国(西ドイツ)とドイツ民主共和国(東ドイツ)に分裂(1949)

◆西側諸国の安全保障機構である北大西洋条約機構([　⑨　　　　　])結成(1949)

◆ソ連　→[　⑤　]に対抗，東欧諸国と経済相互援助条約([　⑩　　　　　])結成(1949)

・西独再軍備と[　⑨　]への加盟に対抗し，安全保障機構の[⑪　　　　　　　　]結成(1955)

アジアにおける冷戦

◆大戦後のアジアにおける戦争

・日本に占領されていたインドネシア，ベトナム　→独立宣言　→旧宗主国が独立を認めず

→戦争を経てインドネシア独立(1949)，ベトナムではインドシナ戦争，ベトナム戦争が続く

・日本とたたかった中国では国民党と中国共産党の間で内戦がおきる(国共内戦)

→〈　⑫　　　　　〉がひきいる中国共産党が，農民の支持を得て勝利

→中華人民共和国建国(1949)…アジアでの冷戦が本格化

・旧日本植民地の朝鮮　→北緯[　⑬　　　　]度を境に，北にソ連軍，南にアメリカ軍が進駐

→北に朝鮮民主主義人民共和国(北朝鮮)，南に[　⑭　　　　　](韓国)が成立

→北朝鮮の侵攻により[　⑮　　　　　]がはじまる(1950)…アジアでの冷戦が熱戦化

用語を確認しよう

①国際平和の維持をにない強い権限をもつ，国際連合の中心的機関とは？[　　　　　　]

②大規模経済援助で社会主義圏拡大防止をはかる,アメリカの経済政策は？[　　　　　　]

③国共内戦に勝利した中国共産党が1949年に建国した国の名は？　[　　　　　　]

（1）国際連合の設立に関する文を読み，問いに答えよう。

> われら連合国の人民は，われらの一生のうちに二度まで言語に絶する悲哀を人類に与えた[　①　]から将来の世代を救い，[　②　]と人間の尊厳及び価値と男女及び大小各国の同権とに関する信念をあらためて確認し，（中略）これらの目的を達成するために，われらの努力を結集することに決定した。（中略）ここに国際連合という国際機構を設ける。

左の史料『国際連合憲章　前文』からは，国際連合という国際機構を設ける目的として，「[　①　　　　　　]から将来の世代を救う」こと，「[　②　　　　　]と人間の尊厳と価値，男女及び大小各国の同権に関する信念を確認する」ことを読みとることができる。なお，国際連合広報センターの公式サイト（https://www.unic.or.jp/）には国際連合憲章の前文が中略なしで掲載されている。

（2）右の地図について，第二次世界大戦後に社会主義国となった地図中①〜⑧の国名を答えよう。

①[　　　　　　　　　　　　　]

②[　　　　　　　　]

③[　　　　　　　　　]

④[　　　　　　　]

⑤[　　　　　　　]

⑥[　　　　　　　]

⑦[　　　　　　　]

⑧[　　　　　　　　　　]

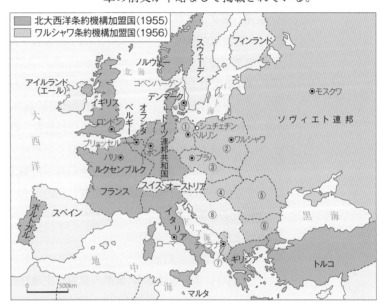

北大西洋条約機構加盟国(1955)　ワルシャワ条約機構加盟国(1956)

トライ　あなたは，米ソの対立がアジアでの戦争にどのような影響を与えたと考えるか。

1　まず，米ソの対立のなかでアジアで勃発した戦争について，空欄に適語をいれて確認しよう。

○中国：国共内戦(1946〜49)　→協力して日本と戦った国民党と共産党の内戦

　国民党　→アメリカの大規模な援助　しかし敗北して台湾に移る(台湾政府(中華民国))

　共産党　→農民の支持を得て勝利　[　　　　　　　　　　]建国(1949)　→翌年，ソ連と同盟

○朝鮮：日本の敗戦後，北緯[　　　]度以北をソ連，以南をアメリカが占領　→北の朝鮮民主

　　　　主義人民共和国(北朝鮮)と南の[　　　　　　]（韓国）に分裂(1948)

　北朝鮮が韓国に侵攻して[　　　　　　　](1950〜53)勃発

　・北朝鮮　→ソ連の軍事援助，中華人民共和国は北朝鮮を支援して義勇軍の名称で参戦

　・韓国　　→アメリカの軍事援助(国連軍として参戦)，日本は米軍の補給基地，出撃拠点に

2　米ソの対立が，アジアでの戦争にどのような影響を与えたか考えてみよう。

ヒント　上の2つの事例には共通した構図がみられる。共通点に着目して考えてみよう。

MEMO

日本占領と日本国憲法

MEMO

確認しよう

連合国による日本占領

◆1945年9月　東京に[　①　　　　　　　　　　　　　　　　](GHQ)の設置

　　実質的には米軍の単独占領，GHQが日本政府に命令する間接統治方式

　　1945年10月　GHQからの民主化指令(五大改革指令)　→[　②　　　　　　　]法廃止

非軍事化と戦争責任の追及

◆連合国による非軍事化にむけた政策

　・陸海軍の解体　　・戦時中の戦争指導者や協力者の[　③　　　　　　]

◆戦争犯罪人の裁判

　・A級戦犯：[　④　　　　　]に対する罪に問われた者

　　　→[　⑤　　　　　　　　　　]裁判(東京裁判)で25名に有罪判決

　・B級戦犯：通例の戦争犯罪に問われた者，C級戦犯：人道に対する罪に問われた者

　　　　→日本占領地での戦争犯罪を裁くためにアジア・太平洋の各地で裁判

　　　　　戦争時に動員された植民地朝鮮や台湾出身の軍人らも裁かれる

　・昭和天皇は連合国軍最高司令官〈　⑥　　　　　　　　　〉の指示により不起訴…天皇制の存続

民主化の徹底と抑圧

◆民主化に向けた法の整備

　・日本国憲法の制定

　　GHQによる憲法草案(象徴天皇制，主権在民，戦争放棄)　→帝国議会での審議　→修正

　　→1946年　日本国憲法公布，翌年施行

　・旧民法の廃止　→[　⑦　　　　　　　]や男女同権を重視する家族制度へ改める

　・衆議院議員選挙法の改正　→[　⑧　　　　]の選挙権・被選挙権が認められる

　・民主主義の理念をもつ[　⑨　　　　　　　]と学校教育法の制定

　　　…軍国主義的な教材は排除，教育勅語は失効

◆経済の民主化…軍国主義の基盤だった地主制と財閥支配体制の改革

　・地主がもつ小作地を強制的に買い上げて小作人に安く売る[　⑩　　　　　　]

　　　→全国の耕地の約9割が自作地，自作農中心の農村へ

　・三井・三菱など財閥の資産を凍結する[　⑪　　　　　　]，[　⑫　　　　]禁止法制定

　⇒労働者の権利拡大によって各地で[　⑬　　　　　]や農民組合が結成　→社会運動活発化

◆占領下の民主化

　　GHQは報道機関を統制　→原爆や占領政策批判などの[　⑭　　　　]徹底，民衆運動の抑圧

用語を確認しよう

①A級戦犯を裁いた極東国際軍事裁判は，通称何裁判ともいわれる？　　　　　　　　[　　　　　　]

②全国の耕地の9割が自作地となり自作農中心の農村へ変化させた改革を？　　　[　　　　　　]

③経済の民主化政策の1つで三井・三菱などの資産が凍結された背景にある政策は？

　　　　　　　　　　　　　　　　　　　　　　　　　　　　　　　　　　　　[　　　　　　]

（1）教科書p.141 **6** をみながら，次の会話を完成させよう。

先　　生：この教科書は「墨塗り教科書」といわれています。
　　　　　敗戦後直後の学校で使われていました。

す　ずさん：「正男サンハ，竹馬ニノッテ『［　①
　　　　　　　　　　　　］』トイヒマシタ」と書いてあった部分が
　　　　　　塗りつぶされています。

ひろきさん：教育を通して軍国主義をひろめるための内容に
　　　　　　なっていたのですね。

先　　生：そこで，学校が再開するとすぐに，戦時色の強い部分を塗りつぶすように指示がだされました。

す　ずさん：教科書p.141 **5** の説明を読むと，東京の国民学校は［　②　　月　　日　］から再開した」と書いてあり
　　　　　　ます。国民が敗戦を知ってから半月後のことなのですね。これでは，新しい教科書を用意できませんね。

先　　生：教科書から軍国主義的教材を取り除くだけでなく，［　③　　　　］などの授業は停止しました。

す　ずさん：科目自体が軍国主義につながったということでしょうか。新しい教育は何をめざしたのでしょう。

先　　生：1947年に制定された教育基本法を読んでみよう。教育の目的は何と書かれているかな。

ひろきさん：教育の目的は，［　④　　　　　　　　　］をめざし［　⑤　　　　　　］な国家及び社会の形成者を育成するこ
　　　　　　とだと書いてあります。

先生：教育を通してどんな社会をつくろうとしたのかがわかりますね。

（2）図中の空欄にあてはまる語句を答え，図に関する説明を完成させよう。

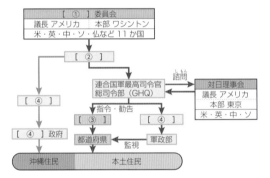

日本の占領政策は，11か国からなる［　①　　　　　］委員会の指令
が［　②　　　　　　　　］を経てGHQに伝えられることになった。
さらに，東京のGHQの本部から出された命令を受けて　［③
　　　　　　　　］が住民を統治する間接統治の方式がとられた。一方で，琉球，
奄美，小笠原諸島は［　④　　　　　　　　］の直接統治下におかれた。

（3）教科書p.141 **7** 「戦後初の総選挙」に関連する説明として，正しいものを選ぼう。

ａ．戦後初の衆議院議員選挙では，女性の選挙権のみ認められ被選挙権は認められなかった。

ｂ．戦後初の衆議院議員選挙のあとに，国会議員の公職追放がおこなわれた。

ｃ．戦後初の衆議院議員選挙で当選した議員が，日本国憲法案の国会審議に参加した。　　　　　　　　［　　　］

 あなたは民主化・非軍事化政策にはどのような成果と課題があったと考えるか。

１．民主化・非軍事政策を書きだそう。

　［　　　］

２．成果と課題を考えよう。

　　成果［

　　課題［

MEMO

34 朝鮮戦争と日本

確認しよう

日本占領政策の転換

◆朝鮮半島・中国で冷戦がすすむ　→アメリカの日本に対する方針転換

・日本に対してアジアにおける[　①　　　　　]へと育成する方針に転じる

・経済の早期復興…インフレ抑制のための緊縮財政

　　　　　　　　　　輸出を促進するために1ドル＝360円の[　②　　　　　]設定

⇒深刻なデフレによる[　③　　　　]にみまわれる…企業の倒産，労働争議の頻発

　→占領政策への批判はおさえこまれる

朝鮮戦争と日本

◆1950年，北朝鮮が韓国に侵攻して[　④　　　　　]がはじまる

・アメリカは[　⑤　　　　]を支援して国連軍として参戦 ┐
　　　　　　　　　　　　　　　　　　　　　　　　　　　├ 国際紛争へ
・中国と[　⑥　　　　]は北朝鮮を支援 ┘

　⇒軍人・民間人あわせて300万人以上の犠牲，多数の離散家族発生

・1953年に休戦協定成立　→南北分断の固定化

◆日本への影響

・日本の米軍基地…国連軍の出撃や補給の拠点となる

・1950年　[　⑦　　　　　　]の創設指示…出撃した米軍にかわる治安維持のため

・共産党員らを追放する[　⑧　　　　　　　]　⇔　政治家や軍人の公職追放解除

・米軍による大量の物資調達が日本経済に[　⑨　　　　　]をもたらす…デフレからの脱却

平和条約と日米安保条約

◆1951年　[　⑩　　　　　　　　　　　]条約調印…連合国との戦争状態が正式に終結

…吉田茂首相らが48か国と調印

・中華人民共和国・モンゴル人民共和国・朝鮮・台湾などの代表者は招かれず

・ソ連は講和会議に参加したが，条約内容に反対して署名せず

⇒アメリカを中心とした西側諸国との単独講和によって[　⑪　　　　]を回復

◆平和条約調印の夜に[　⑫　　　　　　]条約がむすばれる

…「極東」の平和と安全の維持を理由に米軍の日本駐留継続を確認

　1952年　[　⑬　　　　]協定…日本のどこにでも米軍基地を設置できることに

　　　　　[　⑭　　　　]設置…[　⑦　　　]の拡張

　1954年　[　⑮　　　　]発足…日米相互防衛援助協定（MSA協定）を受けて，再軍備化

用語を確認しよう

①米軍にかわる治安維持組織で1950年にGHQから創設が指示されたのは？　[　　　　　　　]

②朝鮮戦争が日本経済にもたらした好景気は何景気？　　　　　　　　　　[　　　　　　　]

③連合国と日本の講和会議が開かれたアメリカの都市は？　　　　　　[　　　　　　　]

④日本の独立回復と同日にむすばれ，米軍が日本に駐留する根拠となった条約は？

　　　　　　　　　　　　　　　　　　　　　　　　　　　　　　　[　　　　　　　]

（1）教科書p.145 **3**についての説明を完成させよう。

　この資料は1951年の第22回メーデーの様子を撮影したものである。 A の「全面講和」とは，この年にはじめられる[　①　]講和会議での「全面講和」を求めている。この会議での日本の方針は，アメリカを中心とする西側諸国との[　②　]講和であり，関係国すべてとの講和ではなかったためである。日本との戦争で被害を受けた中華人民共和国や植民地支配を受けた[　③　]の代表も招かれなかったため，戦争被害の補償をめぐる問題などが未解決のまま残された。

　 B の「再軍備反対」とは，1950年に[　④　]隊が創設され，憲法で戦力不保持を定めているにもかかわらず，再軍備への道が開かれたためである。

（2）教科書p.145 **5**のサンフランシスコ平和条約の内容をまとめよう。

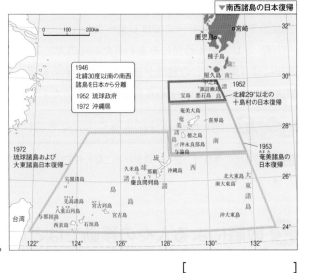

▼南西諸島の日本復帰

①日本の[　a　]回復

②朝鮮の独立，[　b　]の放棄

③台湾・澎湖諸島・[　c　]・南樺太の領土権の放棄

　→これらがどの国に帰属するかは明記せず

④北緯29度以南の南西諸島と小笠原諸島に対するアメリカの[　d　]

（3）サンフランシスコ平和条約に書かれた「北緯29度以南の南西諸島」とは具体的にはどのような地域を表すのだろう。地図から探してみよう。

[　　　　　　　　　　　　　]

（4）1950年に朝鮮戦争がはじまると，日本本土は出撃する国連軍の補給基地となり，大量の需要がもたらされた。国連軍に対して日本が提供したものは何だろう。教科書p.145 **6**の説明をもとに書きだそう。

<table><tr><td>

</td></tr></table>

!トライ　あなたは，再軍備への道を歩むことになった理由は何だと考えるか。

次の語句を使って説明してみよう　[　アメリカ　／　共産主義　／　冷戦　]

MEMO

この編で学んだことをふりかえってみよう。→p.128

アクティブ **8** 満洲移民・引揚・戦後開拓

読みとろう　考えよう　説明しよう

教科書　p.146〜147

おさえておこう

● 1929年世界恐慌が発生すると，日本へも影響が及び（　①　　　　　　　　　　）にみまわれた。 ……………… 教科書p.120
● 1931年（　②　　　　　　　）事件をきっかけに関東軍が中国東北部を占領する満洲事変が発生した。…… 教科書p.126
● 1945年8月8日（　③　　　　　　）が日本に宣戦を布告し，満洲・千島列島へ侵攻した。 ……………… 教科書p.135

❶ 満洲への移民政策は，なぜおこなわれたのだろうか

1936年，広田内閣は満洲への集団移民を計画した。国の政策で27万人もの人が満洲へ渡った。

ステップ❶ なぜ1930年代になって移住がすすめられたのだろうか。

ヒント 1930年代の日本の様子を教科書p.120，p.126を参考にまとめよう。

1929年にニューヨークではじまった（　①　　　　　　　）の影響を受け，日本でも株価や農産物価格が（　②　下落・上昇　）し，昭和恐慌にみまわれた。一方で，1931年，柳条湖事件をきっかけに（　③　　　　　　　）が発生すると，翌年には「満洲国」の建国が宣言された。その結果，満洲における日本人人口を増やす目的と，日本国内の貧困問題解決のために移住がすすめられることになった。

ステップ❷ 開拓団の移住によって，元々そこに住んでいた中国の人々はどうなったのだろうか。

ヒント 開拓団の移住は，すでに耕作がおこなわれている土地へもすすめられた。土地を失った現地の人たちはどうやって生活していく？
（　④　　　　　　　　　　　　　　　　　　　　　　　　　　　　　　　　　　　　　）

❷ 敗戦による人々の移動ではどのようなことがおきたのだろうか

戦争末期になると，開拓団の男性は（　①　　　　　　）に動員され，老人や女性，子どもだけが残された。（　②　　　　　　）侵攻による逃避行のなかで，集団自決や家族の離散，子どもだけが残される（　③　　　　　　　）などの問題が発生した。満洲・樺太・千島などではソ連軍の捕虜となった人々が強制収容所に移送され，重労働を強いられた。

ステップ❶ 敗戦後に日本へ移動する人々はどこから移動しているのだろうか。

ヒント1 右の地図のa〜dにあてはまる国名または地域名を，教科書p.147を参考に答えよう。

a _____
b _____
c _____
d _____

ヒント2 a〜dの地域はどのような地域か？
敗戦まで日本の（　④　　　　　　）だった地域

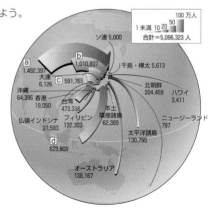

ステップ2 教科書146ページの**2**は帰国のために九州の博多港に来た人々である。
どこへ帰国しようとしているのだろうか。

（　⑤　中国　／　朝鮮半島　／　東南アジア　）に帰国しようとしているところ。

3 ある家族の歴史から考える

ステップ1 教科書p.147にある岩間さんのたどった道のりを確認してみよう。

年	年齢	出来事
1931年	0歳	（　①　　　）県（　②　　　　　）の養蚕農家にうまれる
1936年	5歳	（　③　　　　）(中国の吉林省)へ家族で移住
1945年	14歳	ソ連の侵攻で家族が離散→母・妹と再会後（　④　　　　　）生活を送った
		帰国…故郷に自分たちの分の（　⑤　　　　）や（　⑥　　　　　　）はなし
1952年	21歳	国の戦後開拓事業で（　⑦　　　）県（　⑧　　　）の（　⑨　　　　）へ移住
1960年代	30歳代	国の農業政策の転換…土地が買収され（　⑩　　　　　　　）が建設される
2011年	80歳	（　⑪　　　　　　　　　）→原子力発電所の事故　→避難生活

ステップ2 居住地を転々とせざるをえなかったことをあなたはどう考えるか。

ヒント 移住の背景を整理しよう。

(1)長野→満洲：移民の申込所は（　⑫　　　　　）となっていて，移住者には1戸
当たり1000円が（　⑬　　　　）から補助された。国の政策とし
て移民が募集された。

(2)満洲→長野：敗戦に伴う移動

(3)長野→福島：⑭＿＿＿＿＿＿＿＿＿＿＿＿＿＿

(4)福島→避難先：⑮＿＿＿＿＿＿＿＿＿＿＿＿＿

あなたの考えを書きましょう。

⑯＿＿＿＿＿＿＿＿＿＿＿＿＿＿＿＿＿＿＿＿

！トライ 開拓団の家族にとって移民政策とは何だったのだろうか。

ヒント 移住を後押ししたのは，国の政策だった。しかし，国の政策が変わると移住者に十分な保障は与えられなかった。

MEMO

1 次の図版をみて，下の問いに答えよう。

①  ②  ③

問1　①〜③の人物を正しく説明できるようにa〜cより選ぼう。教科書p.122,139,140参照。

　　① 私は，GHQの最高司令官として日本に（　a　五族協和　/　b　民主化　/　c　安全保障理事会創設　）を指示した。

　　② 私は，日独伊三国同盟をむすび（　a　枢軸国　/　b　連合国　/　c　コミンフォルム　）を形成した。

　　③ 私は，（　a　ファシスト党　/　b　共産党　/　c　国民党　）をひきいて中華人民共和国を成立させた。

問2　①〜③の人物名を答えよう。

問1	①	②	③
問2	①	②	③

2 次の文章を読み，下の問いに答えよう。

　1929年，アメリカの株価暴落をきっかけとする[　①　]は，②ソ連をのぞく全世界に大きな影響を与えた。各国は経済立て直しのため，ブロック経済を採用し，国際協調のあゆみは後退した。ヨーロッパではヒトラーがヴェルサイユ体制の打破を訴えると，ドイツの人々の支持を得て拡大政策をとり，アジアでは③日本が中国や東南アジアへの進出を強め，中国，アメリカと対立した。これらの動きは第二次世界大戦へとつながっていった。やがて，第二次世界大戦が終結すると，戦争終結に大きな役割をはたしたアメリカとソ連がたがいに核兵器を持つ④冷戦の時代を迎えた。

問1　①にあてはまる語句を答えよう。教科書p.120〜121参照。

問2　下線部②について，ソ連の当時の経済政策を何というか，解答欄に合わせて答えよう。

問3　下線部③について説明した文として最も正しいものを選ぼう。教科書p.126〜128,132〜134参照。

　　a．盧溝橋事件をきっかけに日本軍が満洲全土へ展開する満洲事変がおこった。

　　b．西安事件をきっかけに朝鮮では抗日民族統一戦線が結成された。

　　c．日本の東南アジア進出の背景には，ドイツによる援蔣ルートを遮断する目的があった。

　　d．日本の占領下におかれた東南アジア諸国では，日本語教育などの皇民化政策がおこなわれた。

問4　下線部④に関連してソ連に関する説明として正しいものを選ぼう。教科書p.138〜139参照。

　　a．社会主義―西側陣営の中心　　b．社会主義―東側陣営の中心

　　c．資本主義―西側陣営の中心　　d．資本主義―東側陣営の中心

問1		問2	第一次	問3		問4	

3 次の地図をみて，下の問いに答えよう。

問1　第二次世界大戦のはじまりは，ドイツが
　　　どこに侵攻した出来事か，国名を答えよ
　　　う。教科書p.132参照。

問2　第二次世界大戦後，青色の国々が加盟し
　　　た安全保障機構を選ぼう。教科書p.139
　　　参照。
　　　　a．西欧連合条約
　　　　b．北大西洋条約機構
　　　　c．ワルシャワ条約機構

問3　ドイツ同様に北緯38度線を境に２つに
　　　分かれた国がアジアにある。その国々が
　　　1950年からおこなった戦争を何というか。教科書p.144参照。

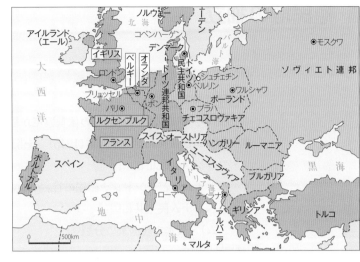

問1		問2		問3	

4 次の資料を読み，下の問いに答えよう。教科書p.138, 143, 145参照。

---

① 　[　A　]憲章　前文

われら連合国の人民は，われらの一生のうちに二度まで言語に絶する悲哀を人類に与えた戦争の惨害から将来の
世代を救い，基本的人権と人間の尊厳及び価値と男女及び大小各国の同権とに関する信念をあらためて確認し…
ここに[　A　]という国際機構を設ける。

---

② 　日米安全保障条約

第１条　B平和条約及びこの条約の効力発生と同時に，アメリカ合衆国の陸軍，空軍及び海軍を日本国内及びそ
の附近に配備する権利を，日本国は，許与し，アメリカ合衆国は，これを受諾する。（以下略）

---

③ 　第９条

日本国民は，正義と秩序を基調とする国際平和を誠実に希求し，国権の発動たる戦争と，武力による威嚇又は武
力の行使は，国際紛争を解決する手段としては，永久にこれを放棄する。

問1　Aに共通してあてはまる語句を選ぼう。
　　　　a．大西洋　　b．国際連盟　　c．国際同盟　　d．国際連合

問2　資料②の下線部Bとは何のことをいっているのか選ぼう。
　　　　a．サンフランシスコ平和条約　　b．ポツダム宣言　　c．日中平和友好条約　　d．日ソ中立条約

問3　資料③の名称を答えよう。

問4　①～③の成立を古い順に並べ替えよう。

問1		問2	
問3		問4	[古い]　　　　　→　　　　　→　　　　　[新しい]

35 植民地の独立

気付いたこと，わからな
かったこと，調べてみたい
ことを自由に書いてみよう。

確認しよう

アジアの戦争

◆1953年，朝鮮戦争（1950〜）の休戦協定が板門店でむすばれる

◆ベトナム民主共和国独立宣言（1945）　→旧宗主国フランスとの[　①　　　　　　　　]戦争

・フランスは敗北し，[　②　　　　　　　　]休戦協定がむすばれる（1954）

・ベトナムなどインドシナ諸国の社会（共産）主義化をおそれるアメリカが介入

→ベトナム民主共和国（[　③　　　　　　　　]）・社会主義国家とベトナム共和国（南ベトナム）・資本主義国家に分裂

植民地の独立

◆第二次世界大戦後，国際世論の支持を背景に植民地が次々に独立達成

・1960年は「[　④　　　　　　　　]」とよばれる　→アフリカで17か国が独立

1963年に地域協力をめざす[　⑤　　　　　　　　　]（OAU）結成

◆独立に伴う困難（アフリカ）

・独立を認めない旧宗主国との戦い…フランスとたたかった[　⑥　　　　　　　　]など

・宗主国の都合で引いた植民地境界線が，独立時の国境に　→独立後，民族紛争の原因に

◆独立に伴う困難（アジア）

・英領インド独立（1947）

ヒンドゥー教徒が多数のインドと，ムスリムが多数の[　⑦　　　　　　　]に分裂

◆独立後の困難…経済の困難，民族の対立など多くの課題に直面

・社会主義国にならい計画経済を取り入れた国もある　→必ずしも成果上がらず

先進工業国と，新たに独立した発展途上国との経済格差から生ずる[　⑧　　　　　]

資源をもつ発展途上国と，もたない発展途上国との経済格差から生ずる[　⑨　　　　　]

アジア＝アフリカ会議

◆民族解放運動の高まり　→冷戦の緊張を緩和，平和の気運を高める動きも

・1954年，中国の〈　⑩　　　　　〉首相とインドの〈　⑪　　　　　〉首相が会談

→領土・主権尊重，相互不可侵，内政不干渉，平等互恵，平和共存の[　⑫　　　　　]を発表

◆有色人種による初の国際会議がインドネシアのバンドンで開催される（1955）

→[　⑬　　　　　　　　　]（バンドン会議）…平和十原則を発表

◆アジア・アフリカなどの国々はアメリカ中心の資本主義陣営，ソ連中心の社会主義陣営に対抗して存在感を増した→[⑭　　　　　　　]

用語を確認しよう

①北緯17度を暫定軍事境界線とする，インドシナ戦争休戦協定は？　[　　　　　　　　　　]

②アフリカで17か国が独立し「アフリカの年」とよばれるのは何年か？　　　[　　　　　　　　]

③1954年に周恩来（中）とネルー（印）が発表した「平等互恵」などの平和原則は？ [　　　　　　]

④インドネシアでひらかれた有色人種による初の国際会議は？　[　　　　　　　　　]

（1）次の地図について，下の問いに答えよう。

問1　アフリカで，1960年に独立した国名を赤で
　　　マークしよう。

問2　第二次世界大戦前に独立していた，アフリ
　　　カの国を地図から読みとろう。

[　　　　　　　　　　　　　　　　　　　　]

問3　アフリカの地図を教科書p.157のアジアの
　　　地図と比べると国境線にある特徴がみられ
　　　る。どのような特徴か。また，なぜそのよ
　　　うな特徴がみられるのだろう。

[

]

イギリスはかつて多くの植民地を持っていましたが，イン
ドはそのなかでもっとも重要な植民地でした。インドはイ
ギリスにとって欠くことのできない[　　　]市場（＝供給
地）でしたし，[　　　]の独占的な市場でした。そのうえ，
インドはさまざまなかたちでイギリスに[　　　]をして
いました。つまり，イギリスは，200年にわたって，イン
ドの[　　　]を奪いつづけてきたといえるでしょう。だか
ら，近代イギリスの経済史はインドをぬきにしては語れま
せんし，逆に，インドの今日の[　　　]は，イギリスの[
　　]をぬきにしては考えられないと思います。そこで，私
としては歴史家の目で，かつてのイギリスの植民地であっ
たインドをじかに見ておきたいのです。

※（　）内は引用者

吉岡昭彦『インドとイギリス』岩波新書1975

（2）左の史料は，著者がインドへの飛行機のなかで，
隣に座ったイギリス人の教師に，旅行の目的を話し
ている場面である。下の問いに答えよう。

（1）文中の[　　　]にもっとも適する語句を次から
選び，番号を[　　　]に記入してみよう。

①貢納（＝税などを収めること）　②工業製品
③原料　④責任　⑤富　⑥貧困

（2）教科書p.76の「帝国主義」も参照して，宗主国
は植民地をどのように利用したか，考えよう。

宗主国は植民地を

として利用してきた

！トライ　あなたは，植民地にした国（宗主国）が，旧植民地の発展のために何をするべきだと考えるか。

ヒント　宗主国の支配が植民地にどのような影響を与えたか考えてみよう。

MEMO

36 米ソ両陣営の動揺

確認しよう

ベトナム戦争とアメリカ社会

◆ベトナムへのアメリカの介入　←ベトナム全土が共産主義化することへのおそれ

・北ベトナムがアメリカ軍艦を攻撃したとし（後に"でっちあげ"と判明），本格的米軍介入開始

・北ベトナムへのアメリカ軍機による爆撃（[　①　　　　　]）開始

・ソ連や[　②　　　　]が北ベトナムを支援，また南ベトナムでは北ベトナムが支援する[　③　　　]が，南ベトナム政府軍・米軍を相手にゲリラ戦を展開

◆ベトナム反戦運動　→人種差別反対の[　④　　　　　　　]などとも連携，社会に多大な影響

・ヨーロッパや日本にもベトナム反戦運動が波及し，各国で反体制運動につながっていった

◆戦費の負担＋国内外の反戦の声　→[　⑤　　　　　　　　]締結（1973）　→米軍撤退

・1975年に，北ベトナムがベトナムを統一　→[　⑥　　　　　　　]成立

社会主義陣営の動揺

◆スターリンの死去（1953）　→後継者の〈　⑦　　　　　　　〉によるスターリン批判（1956）

・ソ連国内に自由化へのきざし，対外的には資本主義国との平和共存を模索

◆社会主義国の動き　→スターリンを肯定する中国はスターリン批判に反発，ソ連と対立

・[　⑧　　　　　　]で民主化・ワルシャワ条約機構脱退の動き　→ソ連が軍事介入（1956）

・東ドイツでは，西ベルリンを経由した西ドイツへの人口流出が深刻化

　　人口流出防止のため，東ドイツは1961年に[　⑨　　　　　　]をきずく

・チェコスロヴァキアでは[　⑩　　　　　　]とよばれる民主化と経済改革をすすめる運動　→ソ連が軍事介入（1968）

◆米ソはキューバ危機（1962）で核戦争勃発の危機を経験したが，一方で平和共存の模索も継続

中ソ対立と文化大革命

◆スターリン批判後に中ソの関係が悪化（中ソ対立）

・経済のソ連依存解消をめざす〈　⑪　　　　　〉　→1958年に[　⑫　　　　　　]政策を実施

→鉄鋼・農業生産の飛躍的発展をめざすが失敗　→自然災害も加わり多数の餓死者を出す

・一時失脚した〈　⑪　〉は権力奪還のため1966年に[　⑬　　　　　　　　]開始

→青少年を巻き込み権力闘争　→共産党幹部，知識人を攻撃　→政治・経済の大混乱

◆1972年に〈　⑭　　　　　〉米大統領が中国を訪問　→両国の関係改善へ

・背景　→中ソ対立の激化と，ベトナム戦争に苦しむアメリカ

用語を確認しよう

①アメリカ軍のベトナムからの撤退を取り決めた1973年の協定とは？　　　　　　　　[　　　　　　]

②1953年に死去した後，後継者のフルシチョフから批判されたソ連の独裁者は？　　　〈　　　　　　〉

③東ドイツが人口流出を防止するために1961年にきずいたものは？　　　　　　　　[　　　　　　]

④ソ連軍に介入された「プラハの春」とよばれる民主化運動がおきた国は？　　　　[　　　　　　]

⑤大躍進政策を実施し，文化大革命を発動した中国の独裁者は？　　　　　　　　　　〈　　　　　　〉

資料を読みとろう

ワーク ベルリン市の地図に，ベルリンの壁がつくられた場所を想像して書きたしてみよう。理由も考えてみよう。

凡例
- 1945年以降のベルリンの境界線
- アメリカ管理地区
- フランス管理地区
- イギリス管理地区
- ソ連管理地区

（地図：ブランデンブルク門、東ベルリン、西ベルリン）

史料1　東ドイツから西ドイツへの人口流出

年	難民総数	西ベルリン経由の割合	25歳以下の難民の割合
1949〜58	218万8435	58.5%	—
1959	14万3917	63.1%	48.3%
1960	19万9188	76.5%	48.8%
1961 壁建設 開始前	15万5402	68.0%	—
開始後	5万1624	49.2%	—

1961年　東ドイツの総人口は約1700万人
　　　　西ドイツの総人口は約6000万人

（1）教科書にはベルリンの壁建設の目的について「東側から西側への人の移動を阻止するため」と説明している。この点を 史料1 をみながら確認しよう。次の文中の空欄に適当な数字を書きこもう。

　東ドイツの建国(1949)から西ドイツへ流出した人口は，1961年にベルリンの壁が建設されるまでに[　　　]数十万人に達した。1961年の東ドイツの人口が約[　　　]万人だから，この数字は人口の大流出といえるだろう。1952年に東西ドイツの国境は封鎖されたが，東西ベルリンの通行は自由であったため，1960年では西ドイツへ流出した人口の[　　　]％は西ベルリン経由であった。しかも，同年流出した人口の[　　　]％は25歳以下であり，放置すれば東ドイツは崩壊すると考えられた。

（2）どのように壁をきずいたら西ベルリン経由の人口流出を阻止できるだろう。左上の図に書きこもう。
　　　　　[　ベルリンの壁の総延長は約155km，　　　　　　　　　　　　　　　　　　　　　]

！トライ　あなたは，アメリカが中国に接近した理由のうち，もっとも大きいものは何だと考えるか。

米中接近の背景に関する次の説明を参考にして，トライについて考えてみよう。

○中ソ対立が続き，1969年に両国はウスリー川の島(珍宝島)で国境紛争までおこした。

○ソ連との対立激化は中国に，同じくソ連と対立するアメリカへの接近を促した。

○中国の支援を受けた北ベトナムは抵抗を継続。ベトナム戦争の長期化はアメリカ経済を圧迫した。

○アメリカは対中関係改善により，北ベトナムとの和平交渉の進展を促すことができると期待した。

MEMO

日本の国際社会復帰と高度経済成長

確認しよう

日本の55年体制と国際社会

◆55年体制の確立

・1955年, 保守政党の[①]党が議席の3分の2を, [②]党など
の革新勢力が3分の1を占める[③]体制が成立

◆日本の国際社会への復帰

・米ソの「雪どけ」を機に, 1956年10月, 〈 ④ 〉首相は, モスクワで[⑤]に署名

→ソ連との国交の回復に成功

・1956年12月, 日本はソ連の支持で, [⑥]へ加盟を実現

◆安保条約の改定

・1960年1月, 〈 ⑦ 〉首相は日米相互協力および安全保障条約[＝⑧]
条約をアメリカと締結。 ※同時に日米地位協定もむすぶ

→条約承認を国会で強行採決したこと, 戦争にまきこまれる危険性などを理由に新安保条約
批准に反対する運動, [⑨]闘争がおこる

→6月に条約批准案が成立し岸信介内閣は総辞職

戦後世界のなかの経済成長

・安価な石油輸入をもとに日本は, 1955年から年平均10%をこえる[⑩]成長を
はたす

・1964年10月, 東京でアジアではじめての[⑪]がひらかれる

日本・アジア間の関係回復と冷戦

・1965年, [⑫]条約がむすばれ, 韓国と国交をひらく

・〈 ⑬ 〉首相がアメリカと沖縄返還を交渉

→1971年, [⑭]がむすばれ, 翌年, 沖縄は日本へ復帰

・1972年, 〈 ⑮ 〉首相が中国を訪問し[⑯]を発表

→中国との国交正常化が実現される ※中華民国政府とは国交がなくなる

・1978年, 中国と[⑰]がむすばれる

用語を確認しよう

①1955年に成立した, 自民党が与党として政権を担当し, 社会党などの革新勢力がこれに対抗し
た政治体制は何か。 [ ]

②日ソ共同宣言がむすばれたのち, 日本が加盟した国際機関は何か。 [ ]

③新安保条約の批准に反対し, 日本全国でおきた運動は何か。 [ ]

④1965年に日本と韓国の間でむすばれ, 日韓の国交をひらいた条約は何か。

[ ]

⑤1972年に中華人民共和国政府とむすび, 日中国交正常化を実現した声明は何か。

[ ]

（1）写真について考えよう。

問1　この写真はある条約批准に反対する運動である。条約の名前を答えよ。
［　　　　　　　　　　　　　　　　　　　　　　　　　　　　　　　　　　　　　］

問2　この写真の時期の内閣総理大臣は誰か答えよ。　　　　〈　　　　　　　〉

問3　なぜ人々は条約批准に反対したのか答えよ。
［
　　　　　　　　　　　　　　　　　　　　　　　　　　　　　　　　　　　　　　］

（2）グラフについて教科書p.162～p.165を参考にして考えよう。

問1　グラフのA～Dにはいる語句を答えよう。
A［　　　　　　　　　］　　B［　　　　　　　　　］
C［　　　　　　　　　］　　D［　　　　　　　　　］

問2　日本が1955年から高度経済成長を実現できた要因として誤っているものを選ぼう。　　　　　　　　［　　　］

ア　燃料資源が比較的安価な石油に変わった。

イ　円高により輸出企業が好調であった。

ウ　企業が設備投資をおこなうことができた。

問3　高度経済成長期におきた四大公害病の名前を答えよう。
（　　　　　　　　　）（　　　　　　　　　　　）（　　　　　　　　　）（　　　　　　　　　）

（3）写真について考えよう。

問1　人々が写真を撮っている動物は何か。　　　　　　　　　　［　　　　　］

問2　この動物は中国から日本へ贈られたが，その理由を述べよ。
［

　　　　　　　　　　　　　　　　　　　　　　　　　　　　　　　　　　　　　　］

！トライ　日本とアジア諸国との関係修復には，どのような問題点があったと考えるか。

問　日本とアジア諸国との関係修復にはどのような問題点があったか，下の文の空欄に適語をいれるとともに，文を読んで，自分の考えを書いてみよう。

MEMO

日本は1952年にアメリカの要求で台湾の［　①　　　　　　］国政府を中国の正統政府として平和条約をむすんだ。しかし，1972年にアメリカのニクソン大統領が突然訪中し，米中が接近すると，日本の田中角栄首相も中国を訪問し，日中共同声明を発表して［　②　　　　　　　］国との国交正常化を実現した。これにより，日本は，台湾の［　①　］国政府とは国交がなくなってしまった。

〈自分の考え〉

沖縄からみたベトナム戦争

読みとろう　考えよう　説明しよう

教科書 p.166〜167

おさえておこう

● 1951年，サンフランシスコ平和条約と同時に（　①　　　　　　　　　　　）条約も締結され，米軍の日本駐留が認められた。・・教科書p.145

● アメリカはベトナム戦争で，（　②　　　　　　）とよばれる，北ベトナムへの空爆をおこなった。・・・・・・・・・教科書p.160

● 戦費の増大で経済状況が悪化したアメリカは，1973年に（　③　　　　　　　　）協定を成立させベトナムから撤兵した。・・・教科書p.160

● 沖縄では1960年代から，本土復帰やベトナム反戦の世論が高まり，佐藤栄作首相が対米交渉をすすめ，1971年に（　④　　　　　　　　　）協定がむすばれ，翌年に沖縄は日本に復帰した。・・・・・・・・・・・・・・・・・教科書p.165

---

❶ ベトナムを爆撃した米軍機はどこからとびたったのだろうか

 なぜB52爆撃機が沖縄からとびたったのだろうか。地図をみて考えてみよう。

（1）下の文の空欄にあてはまる適語を答え，サンフランシスコ平和条約調印後の沖縄について考えてみよう。

> 1951年，サンフランシスコ平和条約で，日本の主権は回復した。しかし，（　①　　　　　　）と小笠原諸島はアメリカの占領が継続された。同時に，日本はアメリカと（　②　　　　　　　　）条約を締結し，アメリカ軍の日本駐留の継続が認められた。さらに，1952年には，（　③　　　　　　　　）協定がむすばれ，米軍の諸権利が定められ，日本のどこにでも基地が設置できるようになった。こうして，アメリカの占領が継続していた（　①　　　　　　）には（　④　　　　　　　　　　　　　　）という理由で米軍基地が設置されるようになった。

ヒント 教科書p.145を参考にしてみよう。

 なぜ米軍はB52をグアムから嘉手納基地に移動させたのだろうか。地図をみて考えよう。

（1）右の地図の空欄に沖縄・グアム・ベトナムを書きこんでみよう。

（2）なぜ米軍はB52をグアムから沖縄の嘉手納基地に移動させたのだろう？

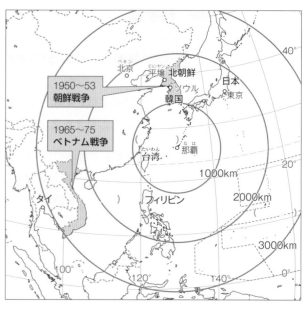

ヒント 沖縄からベトナムまでの距離とグアムからベトナムまでの距離を比べてみよう。

❷ ベトナム反戦と沖縄の祖国復帰運動

ステップ❸ 本土復帰で沖縄の基地は減ったのだろうか。

（1）空欄にあてはまる語句を答えよう。

> 1972年には，日本にある米軍専用施設面積の割合は本土が41.3％なのに対し，沖縄は（①　　　　）％であった。しかし，2017年には（②　　　　）％が沖縄に集中している。このことから，本土復帰後も沖縄には多くの米軍専用施設が残り，大きな負担がかかっていることがわかる。

ヒント 教科書p.167のグラフを確認しよう。

（2）①～③の地名を答え，沖縄にある基地を確認しよう。

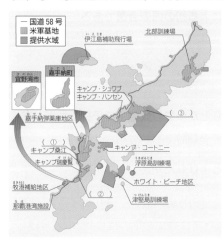

①（　　　　　）飛行場

②（　　　　　）飛行場

③（　　　　　）弾薬庫

ヒント 教科書p.167の地図を確認しよう。

！トライ ベトナム戦争と沖縄の関係を整理してみよう。そしてベトナム戦争が沖縄に与えた影響を考えてみよう。

（1）ベトナム戦争と沖縄の関係について述べた文である。空欄に適する語句を埋めよう。

MEMO

> 　1968年11月19日には，米軍（　①　　　　　）飛行場滑走路の北側で，ベトナムに向けて離陸した米軍のB52爆撃機が墜落した。この事件から，沖縄の人々は（　②　　　　　）を認識した。また，ベトナムの人々からは沖縄は「悪魔の島」とよばれた。このことから，沖縄の人々は，みずからが間接的にベトナム戦争に加担していることを認識した。沖縄では，（　③　　　　　）と（　④　　　　　）がむすびつき，基地をなくすためには日本に復帰する必要があると考えるようになり，（　⑤　　　　　）運動がおこった。アメリカでもベトナム反戦運動がさかんになり，日米安全保障条約の改定と（　⑥　　　　　）を考えるようになった。

ヒント 教科書p.166～167の文を読んで，空欄に入る語句を探してみよう。

（2）ベトナム戦争はどんな影響を沖縄に与えただろう。自分の言葉でまとめてみよう。

1 次の写真A〜Cをみて，以下の問いに答えよう。

A

B

C

問1　写真A〜Cについての説明として正しいものをそれぞれ選べ。
　　ア　平和十原則が発表された，インドネシアでおこなわれた有色人種による初の国際会議である。
　　イ　黒人の公民権を求めるワシントンでおこなわれた大規模な行進。
　　ウ　アジアではじめてのオリンピックで行進する日本の選手団。

問2　下の資料ともっとも関係が深い写真を選べ。

> 　私には夢がある，ジョージアの赤土の丘の上で，かつての奴隷の子孫たちとかつての奴隷主の子孫たちが，友愛に固くむすばれてひとつのテーブルを囲む，そんな日がくるという夢が。…(略)

問3　写真Bの参加国は資本主義国や社会主義国に対抗する勢力としてなんとよばれたか。

問1	A		B		C	
問2			問3			

2 次の写真AとBが日本に与えた影響について考えよう。

A

B

問1　写真AとBの①〜④の人物の名前を答えよう。
問2　③の人物ともっとも深い関係のある語句を1つ選び記号で答えよう。
　　ア　55年体制　　　　イ　北爆　　　　ウ　平和五原則　　　　エ　プロレタリア文化大革命
問3　下の文は写真AとBの出来事の日本への影響として正しいものを1つずつ選んで記号で答えよう。
　　ア　沖縄の返還が決定された。　　　　　イ　中華人民共和国との国交が正常化した。
　　ウ　国際連盟への加盟が実現した。　　　エ　安保闘争がおこった。

問1	①		②		③		④	
問2			問3	A			B	

3 次の文を読んで，各問いに答えよう。

　1945年にベトナム民主共和国が独立を宣言すると，フランスはこれを認めず，インドシナ戦争をおこした。1954年には（　1　）休戦協定がむすばれたが，Aベトナムは南北に分裂した。アメリカは1965年からBベトナム戦争を開始したが，北ベトナムを屈服させることができなかった。この戦争に苦しんだアメリカは中国と接近し，1972年には（　2　）米大統領が中国を突如訪問した。この間，アジアとアフリカの植民地はC様々な課題を残しながらも，次々と独立を達成した。D平和五原則が発表された翌年，1955年にはインドネシアのバンドンで有色人種の初の国際会議である（　3　）が開催された。こうして，E1960年にはアフリカで17の国が独立を達成した。

　日本では，F自民党が政権を担当し，社会党が野党として対抗する（　4　）が成立した。1955年から約20年間にわたり年平均約10％の経済成長を達成し，1964年にはアジアではじめての（　5　）も東京で開催された。しかし，高度経済成長によりG公害問題がおこるなど，経済成長と環境の保全の両立という新しい課題に直面した。

問1　文中の空欄（　1　）～（　5　）にはいる適語を答えよ。

問2　下線部Aについて，この時，北ベトナムに成立した社会主義の国の名前を答えよ。

問3　下線部Bについて，なぜアメリカはベトナム戦争を開始したのか説明せよ。

問4　下線部Cについて，独立後のアジアやアフリカの地域について述べた文ⅠとⅡの正誤の組み合わせとして正しいものを1つ選び記号で答えよ。

　　Ⅰ　ムスリムが多数占めるインドとヒンドゥー教徒が多数を占めるパキスタンが分裂した。

　　Ⅱ　アルジェリアではフランスが民族運動を武力で弾圧するアルジェリア戦争がおきた。

　　ア　Ⅰ-正　Ⅱ-正　　イ　Ⅰ-正　Ⅱ-誤　　ウ　Ⅰ-誤　Ⅱ-正　　エ　Ⅰ-誤　Ⅱ-誤

問5　下線部Dについて，写真に写っている平和五原則を発表した人物はだれか。

問6　下線部Eから，1960年は何とよばれているか答えよ。

問7　下線部Fについて，下の（1）～（3）の自民党政権下の内閣と関係の深い外交をア～ウで答えよ。

　　（1）鳩山一郎内閣　　　　　　ア　沖縄返還協定をアメリカと結び，沖縄の日本復帰を実現した。

　　（2）佐藤栄作内閣　　　　　　イ　モスクワで日ソ共同宣言に署名し，ソ連との国交を回復した。

　　（3）田中角栄内閣　　　　　　ウ　日中共同声明を発表し，日中国交正常化を実現した。

問8　下線部Gについて，熊本県で起きた工場排水に含まれるメチル水銀が原因よって起きた四大公害病の1つは何か。

問1	（1）		（2）		（3）		
	（4）		（5）		問2		
問3					問4		
問5			問6				
問7	（1）		（2）		（3）	問8	

111

38 石油危機と世界経済

確認しよう

中東戦争と石油危機

・第二次世界大戦後，アラブ諸国とイスラエルの間で4回の[　①　　　　　]戦争がおこる

・1968年，アラブの産油国はアラブ石油輸出国機構[＝②　　　　　　]を結成し，イスラエルに
　味方する国への石油の供給を制限や原油価格の引き上げを実施

　→石油に依存していた世界経済は混乱。＝第1次[　③　　　　　]

　→第1次[　③　]により，日本の高度経済成長も終わる

・1979年，イラン革命がおこり，原油価格が上がる。＝第2次[　③　]

　→大量消費社会から[　④　　　　　　]社会をめざす必要にせまられる

変動相場制

・1971年，ニクソン米大統領は，ドルと金の交換停止を発表[＝⑤　　　　　　　　]

　→ドルを中心とした国際通貨体制（ブレトン＝ウッズ体制）は動揺

　→主要国は1973年までに固定相場制から[　⑥　　　　　]へ移る

アジアの経済成長

・アジアの開発途上国では1960年代なかばから[　⑦　　　　　]体制のもと，経済成長を実現

　→国民の言論の自由の制限や政権の腐敗が問題になり，国民から批判を受ける

・1978年，中国の〈　⑧　　　　〉は[　⑨　　　　　　　　]をとり，市場経済への移行をすす
　める

・1967年，東南アジア諸国連合[　⑩　　　　　]が発足し，地域開発がおこなわれる

　→1970年代以降，急速な経済成長を達成した香港・韓国・シンガポール・台湾などの国々は新
　　　興工業経済地域[　＝⑪　　　　]とよばれた

新自由主義

・石油危機により経済がゆきづまった資本主義国は体制のみなおしがせまられた

　→イギリスの首相〈　⑫　　　　　　〉らは[　⑬　　　　　　　]（ネオリベラリズム）を唱え，
　　民営化や公共サービスを縮小した[　⑭　　　　　]政府をめざした

・日本でも〈　⑮　　　　　　〉内閣が積極的に民営化をすすめた

用語を確認しよう

①第二次世界大戦後にアラブ諸国とイスラエルとの間で行われた4回の戦争は何か。

［　　　　　　　　］

②1973年，アラブの産油国が石油供給の制限や，原油価格の引き上げをおこなったためにおきた
　世界経済の混乱は何か。　　　　　　　　　　　　　　　　　　　［　　　　　　　］

③1971年，ドルと金の交換停止を発表したアメリカの大統領はだれか。　　〈　　　　　　〉

④1967年に発足した東南アジア諸国の間で結成された地域協力機構は何か。

［　　　　　　　］

⑤イギリスのサッチャー首相らが唱えた，民営化や公共サービスを削減し，「小さな政府」をめざ
　す経済の考え方は何か。　　　　　　　　　　　　　　　　　　　［　　　　　　　］

（1）写真について考えよう。

　1973年に，アラブ諸国とイスラエルとの間に第4次中東戦争がおこると，A世界経済は混乱し，B日本もこの影響を強く受けた。この世界経済の混乱以降，資本主義国は経済のゆきづまりに直面し，経済体制のみなおしをせまられた。イギリスで，│写真1│首相がC民営化と公共サービスの縮小をおこなうと，日本でも│写真2│首相がD積極的に民営化をすすめた。

写真1

写真2

　このように，資本主義の先進国が経済のゆきづまりに直面するなか，Eアジアの開発途上国では1970年代以降，急速な経済成長を達成する国もあらわれた。

問1　写真1と写真2の人物の名前を答えよ。　　　　　〈　写真1　　　　　　　〉〈　写真2　　　　　　〉

問2　下線部Aについて，なぜ世界経済は混乱したのか，下の文の空欄にはいる語句を答えよ。

> アラブ石油輸出国機構は，敵対する[　①　　　　　　　]へ味方する国への石油の[　②　　　　　]を制限したり，石油の価格を[　③　　　　　　]ため，石油に依存していた世界経済が混乱した。

問3　下線部Bについて述べた文Ⅰ・Ⅱの正誤の組み合わせとして，正しいものを1つ選び記号で答えよ。
　Ⅰ　日本の高度経済成長が終わりを迎えた。　　　　　　　　　　　　　　　　　　　　　　　[　　　]
　Ⅱ　トイレットペーパーがなくなるという噂がひろまり，人々がスーパーに殺到した。
　　ア　Ⅰ-正　Ⅱ-正　　イ　Ⅰ-正　Ⅱ-誤　　ウ　Ⅰ-誤　Ⅱ-正　　エ　Ⅰ-誤　Ⅱ-誤

問4　下線部Cについて，民営化や公共サービスを縮小し，支出を切り詰めた政府を何というか。[　　　　　　]

問5　下線部Dについて，この時民営化された企業名と略称の組み合わせとして正しいものを1つ選べ。　[　　　]
　　ア　日本電信電話公社-JT　　イ　日本国有鉄道-JR　　ウ　日本専売公社-NTT

問6　下線部Eについて述べたⅠ・Ⅱの下線部が正しければ○を，誤っていれば正しい語句を答えよう。
　Ⅰ　中国では鄧小平が改革開放政策を実施し，市場経済への移行をすすめた。　　　　　　（　　　）
　Ⅱ　急速な経済成長を達成した香港・韓国・シンガポール・台湾などはASEANとよばれた。　（　　　）

トライ　あなたは，新自由主義の長所と短所は何だと考えるか。

問　新自由主義にはどのような長所と短所があるか。適する語句を○で囲め。

> 　新自由主義では，政府の経済活動への介入を（　最小限　・　最大限　）にすることがめざされ，医療などの公共サービスの（　縮小　・　拡大　）がすすめられる。
> 　新自由主義の長所としては，政府の支出を（　増やす　・　減らす　）ばかりでなく，（　国営化　・　民営化　）された企業の経営努力を促し，サービスの質を向上させることなどがあげられる。
> 　一方で，短所としては，福祉政策の後退は，国内の貧富の格差を（　拡大　・　縮小　）させることがあげられる。例えば，医療では，国からの補助が（　増え　・　減り　），貧しい人は病院に行くことが難しくなるなどの問題がでる恐れがある。

MEMO

39 緊張緩和から冷戦の終息へ

確認しよう

緊張の緩和と再燃

◆緊張の緩和

・アメリカ：ベトナム戦争の戦費や対外援助により財政負担に苦しむ

・ソ連：中華人民共和国との対立や経済の停滞に直面

　→米ソの[　①　　　　　　]（デタント）がすすみ，[　②　　　　　　　　　]（SALT）で核

　　兵器数の制限がめざされ，軍縮の気運が高まる

◆米ソ対立の再燃

・1979年，イラン革命がおこり，〈　③　　　　　　〉を指導者に[　④

　　　　　]が成立

・1979年，[　⑤　　　　　　]革命に影響を受けたイスラーム原理主義者が[　⑥

　　　　　]で反政府運動をおこすと，ソ連は[　⑥　　　　　　　　　]へ侵攻

　→アメリカは反政府勢力を支持したため，アメリカとソ連の緊張は再燃

・イラクの〈　⑦　　　　　　〉はイラン革命の波及を防ぐため，[　⑧　　　　　　　　]戦争

　をおこす

ソ連の解体

◆ソ連の政策の変化

・ソ連では〈　⑨　　　　　　　〉が，[　⑩　　　　　　　　　　]に取り組み，停滞する経済や

　市民生活と社会の改革・刷新をめざす　※積極的な情報公開（グラスノスチ）もすすめる

　→米ソの関係は改善され，1987年，[　⑪　　　　　　　　　]条約が締結される

◆冷戦の終結

・1989年，米ソにより[　⑫　　　　　　]会談がおこなわれ，冷戦の終結が宣言される

・1991年，[　⑬　　　　　　　　]（CIS）が結成される。　→ソ連は解体

東欧の体制転換とドイツ統一

・1980年，ポーランドでは自主管理労働組合[　⑭　　　　　　]が改革運動をおこなう

・ドイツでは[　⑮　　　　　　　]が崩壊し，1990年，[　⑯　　　　　　　　]が実現

・東欧では，[　⑰　　　　　　　]連邦が解体され，民族間ではげしい内戦が続発

　→セルビアの自治州[　⑱　　　　　]でアルバニア人が多数虐殺される

・2000年代にはいると，東欧諸国もヨーロッパ連合（EU）に加盟し，NATOにも次々加盟

用語を確認しよう

①イラン革命によってホメイニを最高指導者として成立した国は何か。

[　　　　　　　　　　　　　　　]

②1980年代後半にソ連でペレストロイカに取り組んだのはだれか。　　〈　　　　　　　　〉

③1987年に米ソ間で締結された，中距離核兵器の全廃を約束した条約は何か。

[　　　　　　　　　　　　　　　]

④1991年，ロシアを中心に11の共和国で結成された共同体は何か。[　　　　　　　　]

（1）写真について考えよう。

問1　写真AとBのア〜ウの人物の名前を答えよ。

　　ア〈　　　　　〉　イ〈　　　　　〉　ウ〈　　　　　〉

問2　下の①と②の文はア〜ウのどの人物の説明か答えよ。

　　①ペレストロイカをおこない，ソ連の停滞する経済や市民生活・社会の改革・刷新をめざした。　　　［　　　］

　　②イラン＝イスラーム共和国の最高指導者として反米的な政策をおこなった。　　　　　　　　　　　［　　　］

（2）写真について，右の説明文を完成させよう。

　人々が乗っている壁は1961年に東側から西側への人々の移動を阻止するために東ドイツによってきずかれたもので，［　①　　　　］の壁といわれる。1989年11月に，［　②　　］ドイツの住民はいっせいに立ち上がり，この壁の撤去を求めた。この結果，東西ベルリン間の往来の［　③　　　］が実現した。東ドイツの人々は壁に上り，往来の［　③　］を獲得した喜びを表現している。

トライ　冷戦の終結後，多くの国家が成立した理由は何だろうか。

問1　下の文の空欄にはいる適語を答えよ。

　　1989年，［　①　　　　　］会談で冷戦の終結が宣言された。この結果，ソ連を構成していた東欧の国々が次々と独立をした。1991年に［　②　　　］が崩壊すると，ロシアは，エストニア・ラトビア・リトアニアのバルト三国を除く11の国で［　③　　　　　　］（CIS）を結成した。

　　さらに［　④　　　　　　　］連邦も解体したが，民族間ではげしい内戦が続発した。

問2　冷戦の終結後，多くの国家が成立した理由は何だろう。上の文を参考に答えよう。

［　　　　　　　　　　　　　　　　　　　　　　　　　　　　　　　　］

MEMO

日本の経済大国化

確認しよう

経済大国への道

◆戦後はじめてのマイナス成長

・日本の経済成長率は［　①　　　　　　　　　　］の影響により，1974年に戦後はじめてマイナスになる

　→日本の企業は従業員を減らす減量経営をおこない，生産性の向上をはかる

・ICやコンピュータ，産業用ロボットの生産が激増し，［　②　　　　　　　　］産業に産業人口が移行

・省エネルギー技術の改良や，［　③　　　　　　　］発電などの石油に代わる代替エネルギーの開発がすすむ

◆日本の経済大国化と貿易摩擦

・日本から欧米への自動車や電子機器の輸出が増加し，日本の経済は回復

　→日本は［　④　　　　　　　　］ともよばれ，1985年には世界最大の債権国になる

・アメリカへの輸出の増加により，アメリカとの間に［　⑤　　　　　　　　］がおこる

　→日本は［　⑥　　　　　］・オレンジの輸入自由化や関税率を下げるなどの政策をおこなう

国際的地位の向上

・日本は［　⑦　　　　　　　　］（先進国首脳会議）に1975年の第一回から参加

・1989年，日本の［　⑧　　　　　　　　　　］（ODA）実績額は世界一になる

・1985年，アメリカのドル高を是正することを先進5か国が合意。＝［　⑨　　　　　　］合意

　→急速な［　⑩　　　　　］となる

バブル経済とその崩壊

◆バブル経済

・日本政府は急速な［　⑩　　　　　　］に対応するために低金利政策をとり，日本は好景気になる

　→土地や株への投資がすすみ，地価や株価が実態とかけはなれて急激に上昇＝［　⑪　　　　　　　　　　］

・［　⑩　　　　　　］に対応するために，日本企業の多国籍企業化がすすむ

・国内の人手不足の職種には，［　⑫　　　　　　　　］労働者が流入

・1989年，大型間接税の［　⑬　　　　　　　］が導入される

◆「失われた20年」と55年体制の崩壊

・1990年代になると，地価や株価が急落し，［　⑪　　　　　　　　　　］が崩壊

　→日本は，［　⑭　　　　　　　　　　　］とよばれる低成長の時代となる

・経済の不振や汚職事件により，国民の政治への不信が強まる

　→1993年，自民党以外の8党派による連立内閣が成立し，［　⑮　　　　　　　　　　］が崩壊

用語を確認しよう

①1985年に形成されたアメリカのドル高を是正することを内容とする合意は何か。

　　　　　　　　　　　　　　　　　　　　　　　　　　　　　　　［　　　　　　　　　］

②地価や株価が実態とかけはなれて急激に上昇した経済は何か。　　［　　　　　　　　　］

③1989年に導入された大型間接税は何か。　　　　　　　　　　　［　　　　　　　　　］

（1）写真について考えよう。

問1　ボードにかかれた，UAW says "If you sell in America ,Build in America."
を和訳してみよう。

「もしあなたが [　　①　　　　　　] で自動車を売りたいなら，[　②
] で生産しろ」

※UAW：全米自動車労働組合のこと。

問2　写真の人たちの主張として正しいものを1つ選ぼう。　　　　　　　　　　　　［　　　］

ア　アメリカで生産された自動車が日本で売れると，アメリカで売る分がなくなってしまう。

イ　日本で生産された自動車がアメリカで売れると，アメリカで生産された自動車がアメリカで売れず，仕事がなくなってしまう。

ウ　日本で生産された自動車が日本で売れると，アメリカで生産した自動車が日本で売れず，仕事がなくなってしまう。

（2）グラフと写真について考えよう。

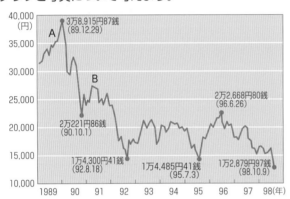

問1　グラフについて述べた文IとIIの正誤の組み合わせとして正しいものを1つ選び，記号で答えよ。　　　［　　　］

I　日本の企業の株価は1989年をピークに，以降，下落し続けている。

II　日本の企業の株価は1992年にはピーク時の半分以下まで下落した。

ア　I－正　II－正　　イ　I－正　II－誤　　ウ　I－誤　II－正　　エ　I－誤　II－誤

問2　新聞1と2はAとBどちらの時期の出来事か。　　　　新聞1［　　　］　　新聞2［　　　］

！トライ　低成長時代に必要な政策は何だったのだろうか。

問1　日本が平成不況になった原因について述べたIとIIの文を読んで正しければ○を，誤っていれば×を記入しよう。

I　1985年のプラザ合意により円安が進行し，欧米への輸出が不調になったから。　［　　　］

II　バブル経済が崩壊すると，不良債権が社会問題となり，銀行などの金融機関が危機に陥ったから。　　　　　　　　　　　　　　　　　　　　　　　　　　　　　［　　　］

問2　問1を参考に，低成長時代に必要な政策は何だったのか，自分の考えをまとめてみよう。

MEMO

アクティブ10 多国籍企業について考える

読みとろう　考えよう　説明しよう

教科書 p.178〜179

おさえておこう

● 日本のアメリカへの自動車や電子機器の輸出が増加したことでおきた日米間の問題は何か。……………………………………………………………………（　　　　　　　　　）教科書p.176

● 1980年代後半，日本では地価や株価が実態とかけはなれて急激に上昇したが，このような経済を何というか。………………………………………………………（　　　　　　　　　）教科書p.177

● ベトナムで実施された市場経済を導入する政策を何というか。………………（　　　　　　　　　）教科書p.185

● 冷戦の終結により急激にすすんだ，経済が地球規模で一体化する動きを何というか。……………………………………………………………………………（　　　　　　　　　）教科書p.185

1 あなたの身のまわりには，どんな多国籍企業があるだろうか

ステップ1 あなたの身のまわりには，どんな多国籍企業があるのだろうか。

（1）世界規模で展開している巨大な企業の名前をあげてみよう。

ヒント 多国籍企業とは，複数の国で世界的に活動をしている企業のこと。

ステップ2 1989年と2018年を比べて，わかることをあげてみよう。その際，教科書p.177とp.185を参照してみよう。

（1）教科書p.178の**3**世界時価総額ランキング（1989年，2018年）について述べたものである。空欄にはいる語句を考えよう。

　　1989年には日本の（　①　　　　　　）が多い。これは，日本では1980年代後半に，株価や地価が実態とかけはなれて上昇する（　②　　　　　　）経済であったため，日本の企業の時価総額が高くなったためである。一方，2018年をみると，アメリカの（　③　　　　　　）企業が多い。これは，冷戦が終結して以降，経済が世界規模で一体化する（　④　　　　　　）化が急速にすすみ，（　③　）技術が役に立っているためである。

2 衣料品はどこからきているのだろうか

ステップ1 東南アジアからの輸入が増えたのは何年からだろうか。その理由は何か。

（1）教科書p.179の**4**繊維製品の輸入相手国の推移にのっている東南アジアの国を4つみつけよう。

（　　　　　　　　）（　　　　　　　　）（　　　　　　　　）（　　　　　　　　）

（2）東南アジアの国がトップ3に入ったのは何年だろう。　　　　　　　　　　　　　　（　　　　　　年）

（3）なぜ，2000年代になると東南アジアからの繊維製品の輸入が増えたのだろう。以下の問いに答えよう。

> ベトナムでは，1986年以降，（　①　　　　　　　　　　）政策が実施され，市場経済が導入された。また，東南アジアの国々でおこなわれていた（　②　　　　　　　　　　）が終わると，国内も安定した。また，環太平洋地域では（　③　　　　　　　　　　　　　　　）が毎年開催され，経済の自由化をすすめた。これらの理由から，東南アジアの国々は安価な労働力を背景に，おもに繊維産業の部門で先進国への輸出を伸ばしている。

問1　文中の空欄（　①　）～（　③　）にはいる適語を答えよう。

ヒント 教科書p.185を読んで，東南アジアの国々の状況を確認しよう。

問2　下線部の「安価な労働力」について，東南アジアの繊維産業の担い手はおもにどのような人々だろう。

（　　　　　　　　　　　　　　　）

ヒント 教科書p.179の5バングラデシュの繊維工場の写真をみて，どんな人々がはたらいているかみてみよう。

❸ 多国籍企業と日本の国内企業を比べてみよう

（1）多国籍企業と日本の国内企業の違いについて述べた文として，誤っているものを1つ選び記号で答えよう。

（　　　　　　　　　　）

ア　複数の国で活動を展開している多国籍企業は比較的巨大な規模である。

イ　日本の国内企業では日本人が多くはたらいているが，多国籍企業ではさまざまな国の人々がはたらいている。

ウ　日本の国内企業が品質のよいものを安価に生産できるのに対し，多国籍企業は高額になってしまう。

ヒント 教科書p.179の6多国籍企業と日本の国内企業の表をみてみよう。

ステップ❶ 多国籍企業と日本の国内企業には，このほかにどのような違いがあるだろうか。

（2）多国籍企業と日本の国内企業には，ほかにどのような違いがあるだろう。下の文①～③の文が正しければ〇を，誤っていれば×を解答欄に書こう。

① 多国籍企業は日本の国内企業に比べ，巨大な資本力があるため，その資本力を利用して，研究・開発をさかんにおこなうことができる。　　　　　　　　　　　　　　　　　　　　　　　　　　　（　　　　）

② 多国籍企業は特に途上国などに対し，先進的な技術を持ち込み，途上国の工業的発展に貢献している。（　　　　）

③ 多国籍企業は多くの国に拠点を置くので，一般に優秀な人材を確保することが難しいとされる。　　　（　　　　）

!トライ 多国籍企業と国内企業とがともになりたつには，どうしたらよいだろうか。あなたの意見をあげてみよう。

問　多国籍企業と国内産業がともになりたつにはどうしたらよいか。自分の意見を書いてみよう。

MEMO

ヒント 多国籍企業は進出先の地場産業などの伝統的な産業や成長途中の産業を衰退させてしまう可能性があることが指摘されている。これらの国内産業を救うにはどのような方法があるかな？

地域紛争と対立

気付いたこと，わからなかったこと，調べてみたいことを自由に書いてみよう。

確認しよう

冷戦後の世界

・1991年，多国籍軍がクウェートに侵攻したイラクを攻撃し，[　①　]戦争が勃発

・国連は[　②　]（PKO）を積極的に主導

　→日本も[　③　]PKOへはじめて自衛隊を派遣

民族対立

◆アフリカの民族対立と貧困

・南アフリカでは1991年から[　④　]が廃止され，黒人・白人間の対立解消がすすむ

　→〈　⑤　〉が黒人として初の大統領に就任

・ソマリアでは無政府状態が続き，ルワンダでは民族間の内戦が続く

・アフリカは単一の商品作物を生産する[　⑥　]経済に依存

　→土地は荒廃し，食料不足が深刻化した

◆アジアの民族対立

・朝鮮戦争以来，休戦が続く韓国と北朝鮮は，1991年に同時に[　⑦　]に加盟

・北朝鮮の[　⑧　]問題を解決するため，南北首脳会談や日中米露の六か国協議が開催

　→日本人[　⑨　]問題や[　⑧　]問題の解決，南北統一はいまだ実現していない

・中国は[　⑩　]やウイグルに対し抑圧的な政策をおこない，開発をすすめる

9.11と戦争の変化

◆対テロ戦争

・2001年9月11日，イスラーム過激派による[　⑪　]事件（9.11事件）がおきる

　→アメリカは有志連合を結成し，アフガニスタンを攻撃＝対[　⑫　]戦争

　→その後，アフガニスタンでは親米的な国家がつくられる

・2003年，アメリカは唯一の超大国として単独行動主義を取り，[　⑬　]戦争をおこす

　→イラクでは〈　⑭　〉政権が倒される

◆アラブの春

・2011年からアラブ諸国では長期政権の指導者が次々に倒される＝[　⑮　]

・2014年にはシリアやイラクでイスラーム過激派が台頭　→勢力を世界中に拡散し，テロ事件をおこす

用語を確認しよう

①1991年，イラクと米英仏中心の多国籍軍との間でおきた戦争は何か。　　　　[　　　]

②日本が平和維持活動として，はじめて自衛隊を派遣した国はどこか。　　　　[　　　]

③1994年，南アフリカで黒人として初の大統領となったのはだれか。　　　　〈　　　〉

④2001年，イスラーム過激派によりハイジャックされた飛行機が，世界貿易センタービルや国防総省本庁舎に突入したテロ事件は何か。　　　　[　　　]

⑤2011年から，アラブ諸国で長期政権が次々に倒されたことは何か。　　　　[　　　]

（1）地図や写真について考えよう。

問1　冷戦終結以降，どのような地域で紛争が多くおこっているか。　　　　[　　　　　　　]

問2　写真のような国連の活動を何というか。　　　　　　　　　　　　　[　　　　　　　]

問3　日本の自衛隊が，写真のような国連の活動にはじめて派遣されたのはどこか，記号で答えよ。

　　　ア　ネパール　　イ　カンボジア　　ウ　ハイチ　　エ　南スーダン　　　　　[　　　　]

（2）写真について考えよう。

問1　左の写真は2001年にアメリカのニューヨークでおきた事件である。事件の名前を答えよ。　　　　　　　　　　　　　　　　　　[　　　　　　　]

問2　21世紀のアラブ諸国の情勢について述べた文として誤っているものを1つ選べ。　　　　　　　　　　　　　　　　　　　　　　[　　　　]

　　ア　アフガニスタンではフセイン政権が倒され，親米政権が樹立された。

　　イ　2011年，アラブ諸国では長期政権の指導者が次々に倒される「アラブの春」がおきた。

　　ウ　シリアやイラクではイスラーム過激派が台頭した。

> ！トライ　あなたは，多発するテロをなくすためには，どのようなことをすればよいと考えるか。

問　下のすずさんと先生の会話を参考に，テロをなくすためにはどのようなことをすればよいか，すずさんになったつもりで，自分の意見を書いてみよう。

すずさん：先生，テロの原因っていったい何なのですか？

先　生　：テロの原因を一言でいうのは難しいんだ。というのも，テロの背景には，宗教や民族の対立，貧困，教育環境の未整備，脆弱な統治機構など，いろいろな要因が複雑に絡み合っているのです。すずさんはどの問題が一番深刻で，テロと関係が深いと思いますか？　すずさんの考えを理由とともに聞かせてください。

すずさん：[　　　　　　　　　　　　　　　　　　　　　　　　　]

MEMO

42 国際秩序の変容

確認しよう

中国・インドの台頭

・[①]：2000年代に，豊富な資源と人口を背景に著しく経済発展した，ブラジル・ロシア・インド・中国・南アフリカのこと

◆中国の経済成長

・1970年代，〈 ② 〉が，改革開放政策をとり，市場経済への移行をすすめ，経済成長

・1989年，学生や市民が天安門広場で民主化を求める運動をおこす　→中国政府は軍事力で抑え，国際的な批判を受ける＝[③]

◆インドの経済成長

・1991年に大きく規制緩和が打ち出され，2000年代に高度成長を実現

・[④]とは緊張状態が続き，両国とも核実験をおこなう

地域統合の深化

◆ヨーロッパの地域統合

・[⑤]（EEC）がほかの共同体を統合し，1967年[⑥]（EC）を発足

・1993年，[⑦]（EU）が発足

　→EU域内の移動の自由，統一通貨[⑧]の導入などヨーロッパの統合がすすむ

・中東やアフリカでのアラブの春により，多くの[⑨]がEU内に殺到

・2016年，[⑩]ではEU離脱票が過半数を占める

◆東南アジアの統合

・[⑪]（ASEAN）も，[⑫]政策で市場経済を導入したベトナムや内戦を終えた国々を加え，むすびつきを強める

・[⑬]（APEC）が参加国をひろげながら毎年開催

　→環太平洋地域の経済の自由化をすすめる

グローバル化への対応

・冷戦の終結により，地球は経済的に一体化

　⇒ヒト（労働力）・モノ（商品）カネ（資本）の[⑭]が一気にすすむ

・グローバル化に反対し，保護貿易やナショナリズムを訴え，自国経済を擁護する声も高まる

用語を確認しよう

①1989年，民主化を求める北京の市民や学生が中国政府により軍事力でおさえられた事件は何か。　　　　　　　　　[　　　　　]

②冷戦期に西側の経済ブロックとして成立した共同体は何か。　　[　　　　　]

③1993年に発足した，ヨーロッパの政治的・経済的な連合組織は何か。　[　　　　　]

④環太平洋地域での経済の自由化をすすめる，毎年開催される会議は何か。　　　　　　　　　　　　[　　　　　]

⑤地球が経済的に一体化する現象は何か。　　　　　　　　[　　　　　]

（1）中国に関するグラフと写真について考えよう。

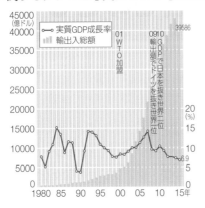

問1　グラフについて述べた文ⅠとⅡの正誤の組み合わせとして正しいものを1つ選べ。　　　　　　［　　　］

Ⅰ　中国は1980年代から5パーセント以上のGDP成長率を維持し続けている。

Ⅱ　中国の輸出入総額は1980年以降増加傾向にある。

　ア　Ⅰ-正　Ⅱ-正　　イ　Ⅰ-正　Ⅱ-誤　　ウ　Ⅰ-誤　Ⅱ-正　　エ　Ⅰ-誤　Ⅱ-誤

問2　右の写真の事件の説明として正しい文を1つ選び記号で答えよ。　　　　　　　　　　　　　　　　［　　　］

　ア　イギリスから独立した香港で一国二制度の運用をめぐっておきた事件である。

　イ　北京の学生や市民がおこした民主化を求める運動を中国政府が軍事力でおさえた事件である。

（2）下の写真の通貨について述べた文として正しいものを1つ選び記号で答えよ。　　　　　　　　　　［　　　］

　ア　この通貨はユーロで，EUに加盟しているすべての国で流通している。

　イ　この通貨を使用すれば，両替が不要になるため，国境をこえた人や企業の商取引が
　　　活発化する。

　ウ　この通貨を導入すれば，各国は独自の金融政策がしやすくなる。

！トライ　あなたは，国際秩序がどのように変容することで，平和が維持できると考えるか。

問　グローバル化がすすむ現代ではどのような国際秩序がより平和を維持できるとあなたは考え
　るか。下の3人の意見を参考に自分の意見を考えよう。

Aさん	世界が平和になるには各国の軍事力が均衡することが大切だと思います。各国の軍事力が均衡していれば，おたがいに牽制しあって戦争はおきないと思います。
Bさん	世界が平和になるには外交によって各国が協調することが大切だと思います。外交によって各国の利害を調整し，共通の利益を持つことができると思います。
Cさん	世界が平和になるには，各国の文化や歴史などの価値観を共有するとともに，共通の法や機構をつくり，世界が1つの共同体になることが大切だと思います。

MEMO

この編で学んだことをふりかえってみよう。→p.128

アクティブ11

読みとろう　考えよう　説明しよう

持続可能な社会をめざして

教科書 p.188〜189

おさえておこう

- 国連がおこなう，紛争地域の平和の維持をはかる活動を何というか。……（　　　　　　　　　　） 教科書p.182
- 同時多発テロの犯行グループを支援したとしてアメリカが攻撃したのはどこか。……………………………
  ……………………………………………………………………（　　　　　　　　　　） 教科書p.183
- 2000年代にとくに経済発展をとげた，ブラジル・ロシア・インド・中国・南アフリカの国々を総称して何というか。……………………………………………………………（　　　　　　　　　　） 教科書p.184

1 一本の用水路のはたした役割は何だろう

ステップ1　用水路が通った地域はどうなり，人々の生活はどのようにかわったか。左の写真をみて考えてみよう。

（1）教科書p.188 ■アフガニスタン東部の砂漠の2枚の写真を見比べて違いを探そう。

（2）これらの変化は人々の生活にどのような影響を与えたか考えてみよう。

ヒント この用水路によって運ばれた水は家庭用だけでなく，農業用水としても使用されているよ。

2 私たちにできるSDGsへのとりくみを考えてみよう

（1）SDGsとは，「SUSTAINABLE DEVELOPMENT GOALS」の略称です。日本語だと何というでしょう。教科書p.188から9文字で抜き出して答えよう。　　　　　　　　　　[　　　　　　　　　　]

ステップ1　SDGsの17個の目標について調べてみよう。

（2）教科書p.188にのっている1〜17のSDGsの目標をクラスメイトと交代で音読してみよう。

ステップ2　どの問題がもっとも深刻だと考えるか，それはなぜか，話しあってみよう。

（3）SDGsの目標のうち，どの目標がもっとも大切だと考えるか。理由とともに自分の考えを書いてみよう。

私は（　　　　　）番の（　　　　　　　　　　　　　　　　　）がもっとももも深刻な問題だと考える。なぜなら _____

_____

_____

③ グラフから考えてみよう

ステップ1 地球の気温は1900年から2000年の100年間で何度上昇しただろうか。

（1）教科書p.189 **2** をみて下の文の空欄にはいる語句を答えよ。

グラフをみると，地球の気温は1900年から2000年の100年間で約（　①　）度上昇している。これは（　②　）化といわれる環境問題の1つである。この問題は，2015年の国連サミットで採択されたSDGsの17個の目標のうち，（　③　）番の（　④　）にあたる。

ステップ2 気温が上昇するとどのようなことがおこるのか，右の写真をみて考えてみよう。

（1）教科書p.189 **3** の写真ではどのような問題がおこっているか。

（2）地球の気温が上昇すると他にどのような問題がおこるか考えてみよう。

ヒント 地球が温暖化すると，農業・健康・水資源・生態系などへ影響があるといわれているよ。

④ 日本の人口はどのように変化したのだろうか

ステップ1 教科書p.189 **4** のグラフや写真から，今後日本の社会はどのようになっていくと考えられるだろうか。また，どのような問題がおこってくるか，話しあってみよう。

（1）教科書p.189のグラフや写真をもとに，今後日本社会でおこると予想される問題を考えよう。

ヒント 年少人口・生産年齢人口・老年人口がどのように変化するか，グラフから読みとろう。また，その結果，どのような問題がおこるか考えよう。

！トライ SDGsの達成のため，私たちが身近なことからはじめるなら，どのようなことがあるだろうか。みんなで話しあってみよう。

（1）SDGsの達成のために私たちができる身近なことをクラスメイトと考えてみよう。

私たちは（　　　）番の（　　　　　　　　　　　　）を達成
したい。そのために＿＿＿＿＿＿＿＿＿＿＿＿＿＿＿＿＿＿

MEMO

教科書 p.168〜189

1 下の写真の人物について，以下の問いに答えよう。

問1　左の写真の人物の名前を答えよう。

問2　左の写真の人物ともっとも関係の深い文を選ぼう。

ア　ドルと金の交換を停止した。

イ　マルタ会談をおこない冷戦の終結を宣言した。

ウ　アフガニスタンを攻撃した。

問1		問2	

2 下の写真A〜Cについて，以下の問いに答えよう。

A

B

C

問1　写真A〜Cを古い順番に並べよう。

問2　写真A〜Cの説明としてあてはまるものをそれぞれ選ぼう。

ア　第4次中東戦争により石油の価格が高騰し，トイレットペーパーが無くなると噂がひろまった。

イ　2003年，アメリカは，イラクに侵攻し，フセイン政権を打倒した。

ウ　東ドイツの住民が立ち上がり，東西ベルリンの往来の自由が実現した。

問1	→ →	問2	A	B	C

3 下の写真A〜Cの人物について，以下の設問に答えよう。

A

B

C

問1　写真A〜Cの人物の説明として正しいものをそれぞれ選ぼう。

ア　アパルトヘイト体制の廃止運動をおこない，南アフリカで黒人としてはじめての大統領になった。

イ　新自由主義を唱え，民営化や公共サービスを縮小して「小さな政府」をめざした。

ウ　停滞する経済と市民生活や社会の改革・刷新をめざすペレストロイカをおこなった。

問1	A	B	C

4 下の文の空欄にはいる語句を答えよう。

　1970年代はじめ，ベトナム戦争で疲弊したアメリカと中国との対立や経済の停滞をかかえたソ連の間では緊張緩和がすすめられたが，（　1　）革命をきっかけにA緊張は再燃した。

　1973年にB第4次中東戦争が勃発すると，世界経済は混乱した。経済がゆきづまった資本主義国は経済体制の見直しに迫られ，（　2　）主義が唱えられ，日本もこれに同調した。ソ連では，停滞する経済と市民生活や社会の改革・刷新をめざす（　3　）がゴルバチョフによっておこなわれた。このようなソ連の政策の変化は米ソの関係改善を促し，1989年には（　4　）会談で冷戦の終結が宣言され，1991年にソ連が解体した。このころ，日本ではCバブル経済がおこっていた。1990年代になると，地価や株価は下落し，低成長の時代が訪れ，1993年には自民党が野党になり，（　5　）が崩壊した。

　2000年代になると資源と人口の多い国々で経済が急成長した。とくに，1970年代末から市場経済への移行をすすめたD中国の経済発展は著しい。

　冷戦の終結により平和の実現が期待されたが，E民族間の対立が深刻化し紛争が多発している。また，2001年9月11日，イスラーム過激派によってハイジャックされた飛行機が世界貿易センタービルに激突する（　6　）事件がおきるなど，テロも増加している。一方で，国民国家をこえてF地域統合をすすめようとする動きも各地でおこっている。

問1　空欄（　1　）～（　6　）にはいる適語を答えよう。

問2　下線部Aについて，なぜ米ソの対立は再燃したのか。理由として正しいものを1つ選ぼう。

　　ア　アメリカがキューバに核ミサイル基地を建設したから。

　　イ　SALTでの核兵器の制限をアメリカが拒否したから。

　　ウ　ソ連がアフガニスタンに侵攻したから。

問3　下線部Bについて文ⅠとⅡの正誤の組み合わせとして正しいものを1つ選び記号で答えよ。

　　Ⅰ　この時，石油の供給制限や価格を引き上げたのはASEANである。

　　Ⅱ　この世界経済の混乱によって日本の高度経済成長も終わりをむかえた。

　　ア　Ⅰ-正　Ⅱ-正　　イ　Ⅰ-正　Ⅱ-誤　　ウ　Ⅰ-誤　Ⅱ-正　　エ　Ⅰ-誤　Ⅱ-誤

問4　下線部Cのバブル経済とはどのようなものか説明せよ。

写真1

問5　下線部Dについて，写真1の事件の名前を答えよ。

問6　下線部Eについて，文ⅠとⅡの正誤の組み合わせとして正しいものを1つ選び記号で答えよ。

写真2

　　Ⅰ　湾岸戦争がはじまると，日本も自衛隊を派遣した。

　　Ⅱ　ソマリアでは無政府状態が続き，ルワンダでは内戦が続いた。

　　ア　Ⅰ-正　Ⅱ-正　　イ　Ⅰ-正　Ⅱ-誤

　　ウ　Ⅰ-誤　Ⅱ-正　　エ　Ⅰ-誤　Ⅱ-誤

問7　下線部Fについて，写真2の通貨の名前を答えよ。

問1	（1）	（2）	（3）	（4）
	（5）	（6）	問2	
問3		問4		
問5		問6		問7	

「歴史総合」の学習をふりかえってみよう

　各編で学んだことをふりかえって，歴史がどのように推移したか，人々の生活や社会がどのように変化していったかを確認しよう。さらに「近代化の歴史」，「国際秩序の変化や大衆化の歴史」，「グローバル化の歴史」に関する自分の関心や理解がどのように変わったのか，自由に書いてみよう。

第1編　近代化と私たち （p.16～91）

第2編　国際秩序の変化や大衆化と私たち （p.92～149）

第3編　グローバル化と私たち （p.150～195）